AF453986

BIBLIOTHEQUE

HISTORIQUE ET ÉDIFIANTE

publiée avec approbation
de Monseigneur l'évêque de Limoges.

—

IN-12 — 1re SÉRIE.

L'AUMONIER DES AMBULANCES

LA MÈRE

DU

FRANC-TIREUR

ÉPISODE DE L'INVASION EN BOURGOGNE

(1870-1871)

PAR

CLAUDE DE FALVERT.

3e ÉDITION.

LIMOGES
F. F. ARDANT FRÈRES,
Avenue du Midi, 7.

PARIS
F. F. ARDANT FRÈRES,
4, quai du Marché Neuf.

A MES LECTEURS.

Mes jeunes amis,

Dans les précédents ouvrages que je vous ai présentés, je me suis efforcé de vous faire connaître des époques glorieuses de l'histoire de notre patrie, de notre chère et malheureuse France. Nous avons étudié ensemble l'œuvre du grand empereur Charlemage ; nous avons vu comment ce grand homme, guidé par l'idée religieuse, a pu donner, dès le huitième siècle, à la nation franque encore barbare, une prépondérance telle, que l'Europe presque tout entière n'était pour ainsi dire qu'un grand empire franc. Et si cette œuvre a été éphémère comme résultat politique, elle n'a pas été vaine pour la partie qui avait été édifiée de concert avec l'église ; car elle a préparé cette influence du clergé français, qui a duré pendant tout le moyen-âge et qui a permis à l'Eglise de travailler avec la monarchie pour créer cette admirable unité nationale qui est la France (1).

(1) Voy. *Charlemagne et son empire.*

Plus tard, au commencement de l'époque moderne, nous avons vu de nouveau la France prendre la tête de la civilisation, et de concert avec l'Italie, inaugurer une splendide évolution des arts, des sciences et des lettres.

Nous avons vu sous l'influence d'un roi de France qui avait les qualités et les défauts de notre nation, mais surtout sous la direction du grand pape Léon X (1), les deux nations Française et Italienne, travailler ensemble, tout en se combattant sur les champs de bataille, à la grande œuvre de la renaissance.

Aujourd'hui la gloire de la France semble obscurcie. Notre pays a été envahie par des peuples qui se disent plus civilisés que nous et qui ont prétendu nous châtier et nous donner des leçons de sagesse ; ces sinistres pédagogues accomplissaient-ils comme ils l'on dit *une mission ?* Dieu le sait. Les sauterelles qui se répandirent sur l'Egypte au temps de Moïse et de Pharaon accomplissait sans doute une mission semblable.

Nous avons été châtiés : c'est vrai. Les Allemands ont été sans doute les instruments de la divinité, et l'empereur Guillaume peut, si cette gloire le tente, s'appeler comme autrefois Attila, le fléau de Dieu. Mais la justice de Dieu est paternelle ; quelque rude que soit le châtiment, si sa main est avec celui qui frappe, son esprit

(1) Voy. *Léon X et François 1er.*

est bien plutôt avec celui qui est frappé. Nous avons reconnu dans nos vainqueurs ces Saxons autrefois châtiés par Charlemagne : c'était la même âpreté pour le pillage, la même cruauté, la même mauvaise foi. Ces anciens sectateurs d'Odin, mal convertis au christianisme, voudraient faire du Dieu des armées le complice de leur politique de fer et de sang, et croiraient encore l'honorer en entassant les hécatombes humaines. Non, non, ce ne sont pas là des hommes animés de l'esprit de Dieu, ce ne sont pas des soldats de la foi, ces guerriers si habiles à découvrir les cachettes les mieux dissimulées, si alertes à dévaliser les caves, si exigeants sur la question des victuailles ; des apôtres n'ont pas si grand soin de leur ventre, et des missionnaires ne partent pas les poches pleines.

Mais laissons les Allemands pour ce qu'ils sont, maintenant que le fléau a cessé ses ravages, reconnaissons la main de Dieu qui nous a frappés, profitons de ses leçons. Notre malheureuse patrie porte au flanc une plaie encore saignante. N'oublions pas que deux provinces françaises ont été arrachées à la France. Gardons avec soin le souvenir des terribles événements qui ont séparé de nous l'Alsace et la Lorraine. Ces deux malheureuses provinces nous ont donné l'exemple du patriotisme. De notre côté entretenons avec soin dans nos cœurs l'amour de la patrie, afin que ce grand sentiment, vivant dans tous les cœurs français, serve

1..

un jour à rapprocher de leurs frères ceux que l'étranger retient injustement sous ses lois.

Le récit que j'entreprends aujourd'hui a pour but de concourir à donner à la jeunesse française le goût de l'étude des terribles événements que nous venons de traverser. Il faut que l'histoire des années 1870 et 1871, devienne une grande légende nationale qui nous serve à réveiller dans la génération qui s'élève et dans les suivantes, l'amour de la patrie et toutes les vertus qui rendent efficace ce grand sentiment. Je porte aujourd'hui une simple pierre à un édifice auquel travaillent des ouvriers bien plus habiles que moi ; puisse cette œuvre modeste être jugée utile ; s'il en était ainsi, je serais heureux de consacrer d'autres travaux à guider la jeunesse vers le grand but que nous devons tous nous proposer, c'est-à-dire à préparer l'avenir en profitant des leçons du malheur.

Claude de Falvert.

CHAPITRE Ier.

LE FRANC-TIREUR.

Par une froide matinée de novembre de la
terrible année 1870, une vieille femme cheminait sur la route qui va de Nuits à Dijon. Serrant d'une main devant sa poitrine sa mante de
laine dans laquelle s'engouffrait la bise qui
annonçait un hiver précoce, elle soutenait de
l'autre bras un panier chargé de provisions.
Nous l'avons appelée une vieille femme à cause
de son visage hâlé et sillonné de nombreuses
rides, des touffes de cheveux gris qui s'échap-
paient de son bonnet, et de sa taille un peu
courbée par l'habitude du travail et par l'atti-

tude qu'elle prenait pour mieux résister aux efforts du vent qu'elle recevait en face ; mais sa démarche rapide et alerte, malgré la charge qu'elle portait, indiquait que chez elle les forces de l'âge mûr étaient loin d'être épuisées. Ses yeux étaient fixés vers la ville qu'elle avait hâte d'atteindre, elle semblait livrée à des réflexions importantes pour elle, car parfois ses lèvres remuaient comme si elle se parlait à elle-même et aucun des accidents de la route n'attirait son attention.

Il y avait pourtant sur cette route de la partie méridionale de la Côte-d'Or, bien des marques de récents et terribles événements, bien des signes dignes d'attirer l'attention du voyageur qui aurait voulu retrouver la trace des récents combats dont ces lieux avaient été témoins. Ici, une de ces jolies auberges bourguignonnes naguère propre et coquette, maintenant déserte, criblée de marques de balles et défoncée par un obus. Là, une vigne ravagée par le passage de l'artillerie. Plus loin sur le bord de la route et au niveau d'un mur percé de meurtrières, un petit tertre de terre fraîchement remuée et sur lequel plusieurs croix de bois faisaient une sorte de commentaire religieux, de cette désolation causée par les fureurs de l'homme.

Ces populations laborieuses de la Bourgogne, habituées à se livrer avec une franchise si nationale à la joie de leur prospérité, si appliquées aux arts féconds de la paix, avaient une grande partie disparu, des villages presqu'inhabités, des villes muettes et comme engourdies dans leur effroi, semblaient prêter l'oreille au galop lointain des coureurs ennemis lancés à l'avant-garde du pillage réquisitionnaire ; et par dessus tout cela, le voile gris d'un ciel d'hiver couvrant la plaine vide et les villes dépouillées.

Ce deuil de la nature convenait à ce malheureux pays. Dijon depuis vingt jours était occupé par les Allemands. Beaune et Nuits, encore sous l'impression de ce triste événement qui ne s'était accompli qu'après des combats terribles, semblaient paralysés par la terreur de l'abandon où l'armée de l'Est les avaient laissées.

La paysanne que nous avons vue cheminer sur la route de Dijon, approchait de la ville ; aux bords du village de Perrigny, à environ six kilomètres au sud de Dijon, la présence de l'armée allemande était signalée par deux dragons Badois placés en vedette, à cheval, aux deux côtés de la route, dans le fossé ; l'un avait l'œil sur la côte, épiants sur les sommets boisés l'éclair suspect de la carabine des francs-tireurs l'autre surveillait le chemin de fer silencieux et le canal immobile. Cent mètres plus loin, la campagnarde fut arrêtée par le cri d'une sentinelle.

— « Wer da ! dit le soldat. »

— Je suis du village de Chambeuf, dit la femme. Je viens à Dijon pour vendre quelques denrées.

Un appel de la sentinelle fit sortir de la maison devant laquelle elle était en faction un caporal à la mine renfrongée, et qui fumait une pipe de trois pieds de long.

— « Fotre zauf-gondouit ! dit l'homme à la pipe. »

— « Plaît-il ? fit la vieille femme. »

— « Fotre laizer-basser ! »

— « Je n'en ai pas, je viens de Chambeuf et je vais à Dijon pour vendre ce que j'ai dans mon panier. »

Le soldat ouvrit le panier et aperçut un jambon, un saucisson, des pommes et plusieurs bouteilles dont le col et le bouchon étaient recouverts d'une cire verdâtre.

Au bruit du colloque, un officier sortit du poste, il était vêtu comme ses soldats d'une vaste houpelande germanique, et fumait une pipe non moins longue que celle du caporal.

— « Que venez-vous faire par là, ma brave femme, dit-il, avec un accent allemand assez peu prononcé ; si vous n'avez pas de sauf-conduit il faut retourner chez vous et bien vite.»

— « Mon officier c'est que j'ai quelques denrées à vendre et j'ai bien besoin de faire un peu d'argent. »

— « Eh bien ! Il fallait aller vendre à Nuits aux soldats de Crémer, ou dans la vallée de l'Ouche aux Garibaldiens qui ont peut-être le ventre creux, tandis que nous, nous ne manquons de rien à Dijon, Tout ce que nous pourrions faire ponr vous, ce serait de réquisitionner vos victuailles, et au fait ! dit-il, en jetant un coup d'œil sur le col d'une bouteille qui sortait du panier, » quel est ce vin ?

— « C'est du champagne, mon officier. »

— « Du champagne ! allons donc, nous en avons bu assez à Dijon depuis huit ou dix jours, pour croire qu'il en reste peu dans la ville et les environs, et surtout pour savoir que ce n'est pas là du champagne. Le champagne n'est pas habillé comme cela, nous connaissons.

Dieu-merci, le casque argenté de la bouteille de champagne, cela ne ressemble en rien à la cire verte qui enduit le col de vos bouteilles. »

— « Eh bien ! mon capitaine, permettez-moi de vous dire que vous n'avez pas encore bu du meilleur champagne. Vous avez pu voir de l'Ay, du Sillery dans des bouteilles à col argenté, et encore ! qu'est-ce qu'on vous a fait boire sous ces noms là, et grâce au papier d'argent ? Assurément ça n'était pas du Moët comme celui-ci.»

— « Du Moët ! dites-vous, caporal, portez-moi du papier ! Ma bonne femme je vais vous faire un bon, je réquisitionne votre panier et tout ce qui est dedans. »

— « Oh ! mon officier, vous ne ferez pas cela ! »

— » Aimez-vous mieux que je vous le confisque tout simplement, vous n'avez pas de sauf-conduit. Allons posez là votre panier et au large. »

— « Ah ! je vois bien que vous ne valez pas mieux que les Garibaldiens, si au moins vous vouliez m'écouter.

— « Je veux bien vous écouter, seulement en vous écoutant, je vais faire sauter le bouchon d'une de vos bouteilles.

— «Oh ! pour cela, ne vous gênez pas, mais

quand vous en aurez bu, vous verrez que vous me prierez d'en apporter d'autres.

— « Oui d'autres que je vous paierai comme celles-ci.

— « Voyons mon commandant, raisonnez un peu, si vous ne me payez pas mon champagne, vous pensez bien que je n'en porterai plus par ici, eh bien ! il vaudrait bien mieux pour vous me laisser venir faire mes affaires à Dijon, et je porterai à chaque voyage un panier comme celui-ci. »

L'officier avait coupé les fils de fer qui retenaient le bouchon et son pouce lui imprimant de légers mouvements d'inclinaison latérale, préparait la joyeuse explosion qu'il attendait. Le bouchon sauta avec bruit et la liqueur dorée et pétillante tomba en moussant dans les verres allongés que les soldats avaient facilelement trouvés dans le poste, car le poste était un café. Le jeune homme huma la mousse argentée qui couronnait son verre, fit claquer sa langue et plaçant le verre à la hauteur de son œil, il regarda les petites bulles du gaz qui montaient à la surface du liquide. Puis il vida le verre d'un trait, et se tournant vers la paysanne. « Je trouve beaucoup plus simples, dit-il, de pousser une reconnaissance jusqu'à Chambeuf et de réquisitionner toute votre provision. N'est-ce pas camarades ? » Un hourrah général répondit à cette proposition, l'officier versa le reste de la bouteille dans les verres qu'on avait apporté : « Tenez, sergent, dit-il, et vous caporal Schlagmann et vous Frantz, et vous Hermann et les autres, buvez moi cela, je suis sûr que quand ces dix verres seront vidés, j'aurai trouvé dix hommes de bonne volonté pour venir avec moi faire un tour à Chambeuf. Les soldats s'avancèrent et se mirent au port d'armes en demi-cercle autour de la table, « allons mes amis buvez, » dit le jeune homme en faisant un signe de la main ; les dix hommes portèrent simultanément et avec précision une main à la visière de leur casque de cuir, puis chacun saisit un verre et le vida correctement d'un seul trait, Puis voyant l'officier boucler son ceinturon, on courut aux armes.

La vieille avait regardé cette scène du coin de l'œil, le sourire narquois familier aux paysans Bourguignons effleura sa lèvre, elle dit à demi-voix et comme si elle se parlait à elle-même.

« C'est cela, allez à Chambeuf ; mais peut-être bien que vous ne trouverez pas beaucoup de champagne chez Françoise Migeon ; ah ! par

exemple vous y trouverez des francs-tireurs,
il en a couché huit dans sa grange, il y en avait
une compagnie dans le village et leurs vedettes
ne doivent pas être à plus d'un kilomètre d'ici.»

— « Qu'est-ce que vous dites donc là, la
vieille ? « dit l'officier » vous n'avez pas chez
vous une provision de champagne, vous nous
trompiez donc, quand vous disiez tout à l'heure... »

— « Laissez-moi donc vous expliquer » dit
tranquillement la vieille femme. « c'est bien le
cas de dire, que vous voulez tout savoir et ne
rien payer, vous. »

« Eh bien ! expliquez-vous ! »

— «Voilà mon officier. Il faut donc que vous
sachiez que l'autre jour, un monsieur qui fait
le commerce des vins et qui a une propriété pas
bien loin de chez nous, m'a rencontré dans
notre village et y m'a dit comme ça : mère
Françoise (parce que je m'appelle Françoise
Migeon pour vous servir), mère Françoise, y
faut que vous me rendiez un service. Volontiers
que je lui dit, M....(mais au fait je n'ai pas besoin de vous dire son nom, n'est-ce pas ?) »

— « Allez-donc, allez-donc. »

— « Eh bien, qu'y dit, le commerce des vins
ne vas pas ; c'est pas étonnant, par le temps qui

court. Et voilà ce qui me chiffonne, c'est que l'année dernière je ne m'étais pas contenté de faire une provision de vins de Bourgogne ; j'avais voulu agrandir un peu mon commerce, et j'avais fait un assez fort marché de vin de champagne ; j'ai une provision de Moët qui me coûte bon, et comme ma clientèle n'est pas habituée à s'adresser à moi pour ces vins là, je n'en ai pas encore vendu beaucoup, puis la guerre et venue, il a fallu me replier avec mes vins, le bourgogne s'en ira à la longue ; mais j'ai une dizaine de caisses de Moët qui pourraient bien me rester sur les bras. »

— « C'est vrai M... M. chose, que je lui dis, mais que voulez-vous que j'y fasse ? »

— « Ah ! voilà, qu'y me dit, vous êtes une brave femme qu'y dit (et ça c'est vrai M. l'officier) vous êtes une brave femme, et vous n'avez pas quitté votre village de Chambeuf qui est tout près des Prussiens ; eh bien, on dit que les Prussiens aiment beaucoup le champagne et qu'ils ont déjà bu presque tout celui qui est dans Dijon, or le mien est à Nuits et je le leur vendrais bien s'ils voulaient me le payer. Voilà ce que je vous propose. Je vous porterai, tant que nous pourrons communiquer de Chambeuf à Nuits, du vin de champagne par dix ou quinze bouteilles, vous tâcherez de vendre cela dans Dijon pour mon compte, et il y aura un bon profit pour vous. Les Prussiens doivent avoir de l'argent et maintenant qu'ils on pris goût au champagne en buvant tout celui qu'ils ont pu réquisitionner, je pense qu'ils ne seront pas fâchés d'en avoir encore de bon en le payant. Cela diminuerait un peu mes pertes et ce serait tant de pris sur l'ennemi. »

— « Oh ! les Français, toujours l'argent, même à l'heure actuelle, c'est encore leur principale souci. Et combien le vendez-vous votre Moët. »

— « Oh ! pas cher, cinq francs la bouteille. »

— « Vous dites que cela n'est pas cher ! »

— « Monsieur c'est le même vin qui dans les restaurants se vend en temps ordinaire dix et douze francs la bouteille, je vous assure qu'à cinq francs mon profit n'est pas gros. »

— « Allons je prends les quatre bouteilles qui restent, » dit l'officier en tendant 25 fr. à la paysanne. — « Allons, camarades, voici du champagne, j'en garde une bouteille pour moi, et si quelques bons garçons veulent les trois autres, je le leur cède au prix coûtant, pas cher dix francs la bouteille. »

Le jeune Allemand qui savait si bien donner

aux Français des leçons de désintéressement se tourna en disant ces mots vers la paysanne qui répondit par son sourire narquois au regard d'intelligence qu'il lui lança, le sergent, le caporal et deux hommes s'avancèrent en mettant la main à la poche et le lieutenant signa un sauf-conduit qu'il tendit à la paysanne.

— « Eh bien ! lui dit-il, Françoise Migeon, vous pouvez venir à Dijon quand vous voudrez, et informez-vous de temps en temps du lieutenant von Gratgeld, du 4me d'infanterie badoise, nous pourrons quelquefois faire affaire ensemble. »

— « Vous voyez bien, mon officier, le tout est de s'entendre. »

— « Mon Dieu oui ! Si M. de Bismark avait su s'entendre avec M. Thiers vers la fin d'octobre, cette malheureuse guerre serait finie. Tenez, buvez avec nous un verre de champagne à la paix ! vous voyez bien que nous ne sommes pas méchants. »

— « Merci, ce vin là n'est pas fait pour nous autres paysans ; mais que le bon Dieu vous entende et nous donne une bonne paix (et puissé-je voir blanchir vos os dans nos champs quand nous pourrons les labourer), ajouta-t-elle entre ses dents, en se remettant en marche, (quand je choquerai le verre avec toi il fera chaud.) »

— « Oh ! ces Français ! quelle âpreté pour le gain et quelle petitesse d'esprit, dit le lieutenant en faisant sauter le bouchon de la bouteille qu'il s'était réservée. « Allons, mes amis, faisons fête à ce bon vin et buvons aux succès de l'Allemagne (1). « Mit Got fürs Vaterland,» s'écrièrent les soldats, en faisant retentir les joyeuses détonations de leurs bouteilles. Et le chant national s'élança dans les airs et fit vibrer comme la boîte d'un immense instrument, la grande salle du café qui servait de poste. C'était un de ces édifices demi-manant, demi-bourgeois, ou des artistes de village désireux de s'illustrer, se sont livrés à des dépenses immodérées de peinture et d'architecture, un de ces cabarats ambitieux qui aspirent à sortir de leur condition. Les fresques de la façade, traduisant les vers de Béranger, étalaient une apothéose de Napoléon le Grand. La pluie, la poussière du chemin, l'injure du temps, avaient singulièrement détrempé et brouillé ce badigeonnage historique, admiré jadis des campagnards; mais

(1) *Avec Dieu pour la patrie,* devise de l'armée Allemande.

il en restait assez pour exercer la verve railleuse du bivac allemand. Les soldats levaient leurs verres en chantant devant l'image du grand homme, comme pour célébrer la déplorable fin de la légende Napoléonienne. Tout-à-coup, comme si Dieu avait voulu venger la majesté de celui qui avait été dans un temps un instrument de sa providence, ou punir les chanteurs d'invoquer son nom dans leurs chants de triomphe, une détonation semblant venir du ciel se fit entendre et le lieutenant s'affaissant tout-à-coup tomba de sa chaise en renversant la table chargée de verres et de bouteilles.

Tous les yeux se tournèrent vers le faîte de la colline voisine et les soldats aperçurent environ à cinq cents mètres un homme appuyé sur son fusil. Les Badois coururent à leurs armes ; mais le fusil Dreiss, à cette distance, ne pouvait, contre un homme isolé, riposter à la balle d'un chassepot. Un des deux dragons qui était en vedette à quelque distance partit au galop. Son cheval vigoureux franchissait les sarments de vigne en escaladant la côte, lorsqu'il ne fut plus qu'à cent mètres du franc-tireur, on vit celui-ci placer tranquillement une cartouche dans son fusil et épauler son arme ;

le poste lui envoya une décharge de cinq ou six coups de fusils qui avaient presque autant de chance d'atteindre le dragon que l'homme vers lequel il s'élançait, celui-ci visait toujours l'ennemi qui courait sur lui ; quand il ne fut plus qu'à trente pas, le coup partit, et le cavalier, étendant les bras, vida les arçons, le cheval se cabra, puis, retombant sur ses pieds, allongea le cou sur le cadavre de son maître et redescendit la côte en trébuchant contre les souches de vigne. Le franc-tireur éleva en l'air son chapeau ; malgré la distance, son cri de : vive la France ! arriva jusqu'aux Badois, puis il mit son fusil sur l'épaule et disparut de l'autre côté de la colline.

CHAPITRE II.

UNE VILLE CAPTIVE.

Françoise n'était pas entrée dans Dijon depuis
l'occupation de la ville par les Allemands , elle
fut frappée de son apparence lugubre et déso-
lée. Presque tous les magasins étaient clos; de
rares passants cheminaient le long des maisons, et se hâtaient d'y rentrer. Un froid noir
et brumeux remplissait les rues, et l'on ne
voyait se mouvoir dans cette brume que des
bandes de soldats qui promenaient lourdement
leurs loisirs et contemplaient leur récente con-
quête. Un peu plus loin, on distinguait de lon-

gues files de voitures chargées de pain, d'avoine, et d'énormes quartiers de viande crue : des paysans les conduisaient sous escorte à l'état-major de la place, où l'on procédait à la concentration méthodique d'incessantes réquisitions. Aucun autre bruit un peu sensible ne s'élevait dans la ville; tout était sourd, vague, effacé. L'oreille ne percevait que les gémissements légers de rumeurs faibles et lointaines ; on eut dit que la respiration de la cité était comme étouffée, et que la vie, diminuant par degrés, allait disparaître. Cette sensation de la solitude dans l'étendue habitée, cette impression de silence et d'immobilité sous les dehors du mouvement, dans le séjour du bruit, pesaient sur le cœur de la paysanne, et elle se sentait envahir par une tristesse inexprimable (1).

L'abattement dont elle était témoin, et qui la gagnait elle-même, n'était pas de l'effroi ; c'était de la douleur. Huit jours auparavant, Dijon avait résisté à l'ennemi avec un courage qui, mieux dirigé, eut été plus efficace et plus

---

(1) Ce tableau de Dijon occupé par l'ennemi est emprunté à un intéressant article intitulé les *Allemands en Bourgogne*, par M. Aubertin. *Revue des Deux-Mondes*, 15 mars 1871.

heureux. Là, comme partout, ce qui avait fait
défaut, c'était la capacité dans les chefs, l'unité
dans le commandement, la fermeté dans la conduite. Comme partout, la tête avait trahi le
cœur. De braves citoyens étaient morts les armes à la main ; des officiers énergiques étaient
tombés en enlevant leurs hommes ; une poignée
de fantassins du 71ᵉ et du 90ᵉ de ligne, quelques chasseurs à pied du 6ᵉ bataillon, un mil-
lier de soldats en tout, sans artillerie, contre
12,000 Allemands appuyés de trente-six pièces de canon, avaient arrêté l'assaillant pendant une journée, et lui avaient tué ou blessé
plus de 1,600 hommes. « Nos pertes ne sont
pas légères, » a écrit plus tard dans son rapport le général de Beyer, qui commandait l'attaque. Dijon savait honorer son malheur par la
dignité de son attitude. Cette ville de 40,000
âmes, forcée de subir un ennemi bientôt égal
en nombre à sa population, le tenait en respect
par une réserve significative, en opposant à ses
avances une froideur non démentie. Elle lui
disputait tout ce qui pouvait lui être arraché,
surveillant ses mouvements, épiant ses embar-
ras, prêtant l'oreille malgré la police allemande, au bruit de nos lointains succès de
Coulmiers, de Champigny, et, dans la nuit pro-

fonde qui l'enveloppait, gardant au cœur l'espoir, non interdit alors, de la victoire et de la délivrance. Parmi les tristesses d'une occupation prolongée, il n'en est pas de plus amère sans contredit pour un peuple intelligent et fier que de se voir tout-à-coup séquestré du monde entier, plongé dans l'ignorance et dans l'impuissance, arraché à la lutte, exclu du spectacle des événements où sa destinée se joue, réduit à consulter pour *Moniteur* le bulletin affiché des victoires ennemies, à lire son sort écrit dans le style et par la main sanglante de l'étranger. Cette situation devait être pendant deux mois entiers, novembre et décembre, celle de la malheureuse ville de Dijon.

Le chef-lieu de la Côte-d'Or n'avait pas cependant éprouvé autant que d'autres villes les horreurs de l'invasion ; peut-être ses geôliers n'ont-ils pas épuisé tous les sévices qu'ils tenaient en réserve, ni rempli leurs instructions. Dans l'avalanche d'Allemands qui s'est précipitée sur la France, parmi ceux qui se sont montrés le moins étrangers à la civilisation et à l'humanité, en un mot les moins Prussiens, on peut compter les Badois, qui formaient en Bourgogne la grande majorité du corps commandé par Werder. Il est bien entendu que nous parlons seulement ici du caractère du soldat abandonné à lui-même et des brutalités personnelles dont il était responsable comme individu, car, comme système général, les procédés allemands ont présenté en Bourgogne à peu près le même caractère d'atrocité qui a paru résulter d'une consigne générale. Là, pas plus qu'ailleurs, on n'oubliera ni les maisons brûlées au pétrole et le feu mis à la main dans les faubourgs pendant l'attaque pour effrayer la défense, — ni les contributions de guerre frappées sur la ville, — ni les campagnes affamées, rançonnées, pressurées, — ni les ôtages enlevés, — ni les razzias exécutées en plein jour, le sabre au poing, contre des citoyens paisibles. L'histoire jugera la méthode sauvage de certains généraux et les mesures atroces de certains états-majors. Mais il est certain que comme peuple, ces Badois qui tenaient garnison à Dijon étaient nos ennemis sans nous haïr. Entraînés par leur gouvernement dans la politique de *fer* et de *sang* que la Prusse appelait la mission allemande, ils n'avaient contre la France aucun sentiment bien vif de rancune, de vengeance ou d'ambition. Quand ils allaient se battre, ils appelaient cela « travailler; » c'était une tâche, ils s'en acquittaient en conscience, mais sans enthousiasme.

En général, l'officier se montrait convenable envers l'habitant, pourvu surtout qu'on lui cédât la plus belle chambre de la maison, qu'il avait soin de réclamer ; le soldat au repos, s'il n'avait pas trop bu, était inoffensif. Souvent, dans les longues soirées d'hiver, lorsque la neige forçait la guerre à chômer, les Badois, assis au foyer français et touchés du regret de leur foyer allemand, laissaient parler en eux la nature ; ils devenaient expansifs, débonnaires, gens d'humeur pacifique, ils s'attendrissaient en pensant à ceux qu'ils avaient laissés au-delà du Rhin. Le soldat avait disparu, l'homme seul restait, toujours un peu grossier, mais sans malice, et bien plus disposé à prendre la main de son semblable qu'à lui tirer des coups de fusil. Les sentiments comprimés, mais non détruits par la discipline, s'enhardissaient alors jusqu'à se découvrir ; le fond de l'âme paraissait ; on pouvait alors découvrir un étrange symptôme : pour les Badois, le Français était l'ennemi de circonstance ; l'ennemi de cœur c'était le Prussien. Souvent, à la fin d'un de ces épanchements involontaires, le soldat, l'envahisseur et l'habitant dont la demeure était envahie, se surprenaient à maudire d'un commun accord les politiques tant Allemands que

Français qui avaient voulu et préparé cette horrible guerre.

Françoise Migeon, en parcourant les rues de Dijon était étonnée de voir cette fourmillière de soldats aux uniformes sombres se mouvoir dans la ville avec une activité tranquille comme si elle leur avait toujours appartenue. De grandes voitures chargées de pain, d'avoine et d'énormes quartiers de viande venaient se faire décharger en certains points ; des soldats faisaient l'exercice, et leur précision mécanique montrait comme une image matérielle de la rude discipline prussienne imposée à toute l'armée. Des factionnaires stationnaient devant un grand nombre de maisons sur les portes desquelles se voyait écrit à la craie le nombre des soldats qui y étaient logés.

La paysanne considérait avec soin tous ces détails ; elle remarquait les différents uniformes, elle comptait les canons rangés sur les places, elle écoutait les paroles prononcées dans les groupes qui stationnaient devant les dépêches allemandes, on eut dit qu'elle avait à rendre compte à quelqu'un de tout ce qui se passait dans la ville envahie. Quand elle eut visité tous les principaux quartiers de la ville, elle entra chez un pharmacien et demanda des paquets pour faire de l'eau de seltz.

— « Quelle quantité en voulez-vous, ma brave femme ? répondit le pharmacien.

— » J'en voudrais de quoi faire vingt-cinq bouteilles, si ça n'est pas trop cher.

— « Oh ! ce n'est pas bien cher, voulez-vous que je vous sépare les quantités en autant de paquets que vous voulez faire de bouteilles? »

— « Non, non, dites-moi ce qu'il faut mettre dans chaque bouteille. »

— « Tenez, une cuillerée à café de cela et une de ceci, je vais vous faire seulement deux paquets. »

Tout en ficelant les paquets de bicarbonate de soude et d'acide tartique, le pharmacien continua sa conversation avec un monsieur à qui il venait de servir de la pâte de lichen.

— « Enfin, monsieur Vannier, comment tout cela finira-t-il ?

— « Ah ! mon cher Barillon, je n'en sais rien ; cependant les affaires vont mieux, il est certain maintenant que le général Von der Thann ne s'est pas retiré en combattant, comme nous le disaient les dépêches allemandes, il s'est bel et bien retiré en se sauvant et en déroute, et peu s'en est fallu qu'il ne soit pris avec tout son monde. Que l'armée de la Loire arrive seulement à Etampes , et les Prussiens entendront le canon. Un bon *coup de chien*, et voilà Paris débloqué ; c'est alors que nous verrions une belle chasse par ici. Du reste, Werder commence à avoir du fil à retordre, la fusillade que font les francs-tireurs autour de Dijon devient continuelle, et nous recommençons à entendre le canon ; à l'affaire de Saint-Jean-de-Losnes les Allemands ont été bel et bien frottés, la preuve, c'est qu'ils ont abandonné l'investissement d'Auxonne, Garibaldi n'est pas loin, et il y a des Français à Nuits.

— « Allons , allons, tant mieux, ah ! si nous pouvions voir bientôt la débandade.

— « Chut ! ne parlez pas si haut, ils deviennent plus méchants maintenant qu'ils commencent à avoir peur. »

Le pharmacien donna à Françoise ses deux paquets, la paysanne sortit, et après avoir acheté deux livres de sucre chez un épicier, reprit le chemin de son village.

En repassant au poste de Perrigny elle apprit la mort du lieutenant auquel elle avait parlé le matin, elle pensa à la malédiction qu'elle avait prononcé tout bas contre lui, et, terrifiée de voir avec quelle promptitude Dieu l'avait accomplie, elle continua sa route en murmurant une prière qu'elle croyait devoir à cet ennemi dont elle avait souhaité la mort. Elle rêvait aux horreurs de la guerre qui la menaçaient autant que personne, car elle avait un fils unique qui était au combat; elle arriva à son humble maisonnette à la nuit tombante. Un jeune homme de trente ans environ l'attendait sur le seuil de sa demeure.

— « Toi ici ! Gratien, » s'écria la paysanne en pressant le pas dès qu'elle l'aperçut.

Le jeune homme s'avança rapidement en tendant les mains à la brave femme, et après l'avoir embrassée avec tendresse il l'entraîna dans la maison.

La mère et le fils, assis côte à côte au coin de l'âtre et la main dans la main, se regardèrent un moment sans se parler, des larmes coulaient sur les joues hâlées de la mère, son fils la regardait en souriant.

— « Mais, malheureux garçon, » dit-elle enfin, « tu risques vingt fois ta vie pour venir ici, et moi justement qui ai conté ce matin un poste près de Dijon qu'il y avait ici francs-tireurs. S'ils venaient ? »

— « Allons ! allons ! mère, » dit Gratien, « la panger n'est pas aussi grand que tu le crois, à la

guerre comme à la guerre, quand tu m'as dit
pars, il le faut, tu savais bien que tu ne m'envoyais pas à une battue aux loups.

— « Oui, je sais bien qu'il faut que chacun
ait fait à l'heure qu'il est le sacrifice de sa vie;
mais il ne faut pas la risquer inutilement; ils
sont si mauvais pour les francs-tireurs.

— « Oh ! je n'ai pas envie de me faire prendre comme un lièvre au gîte. Il faut que tu sa-
ches pourquoi je suis ici, ce n'est pas uniquc-
ment pour le plaisir de te voir, quoique depuis
longtemps ce ne soit pas l'envie qui m'en ait
manqué.

« Voilà. I Hier, M. Charbonnel m'a dit : Migeon, il est question d'organiser une attaque
contre Dijon. Tu vas aller aussi loin que tu
pourras dans la direction de la ville en suivant
les bois de la côte, tu iras reconnaître les avant-
postes sur la route de Nuits, et quand tu auras
vu où ils sont, tu te replieras, l'armée de Garibaldi va porter ses grand-gardes en avant de
Lantenay, Cremer doit pousser sur la route de
Nuits une reconnaissance jusqu'à Gevrey, de
sorte que Chambeuf sera un peu en arrière de
nos lignes, tu pourras donc passer la nuit chez
ta mère, il est bon qu'un brave garçon comme
toi se refasse par une bonne nuit de repos,

d'ailleurs, je compte aller moi-même à Chambeuf demain avec une compagnie , pour voir
comment on peut aborder Dijon de ce côté là
et donner des renseignements que les généraux
ne manqueront pas de me demander.

— « Ah ! ah ! ça va donc recommencer de
nos côtés ? »

— Oui , mère, » dit le franc-tireur en allu-
mant sa pipe pendant que la brave femme allait et venait en faisant les apprêts d'un modeste souper.

Gratien allongeait vers le feu ses jambes re-
vêtues de longues guêtres de cuir et ses mains
engourdies par le froid, son fusil était derrière
lui appuyé contre un meuble ; avec sa blouse
bleue, portant sur l'épaule un simple galon
rouge, il avait l'air d'un chasseur qui rentre
après une journée de battue. Mais le fusil était
un chassepot, et le ceinturon qui serrait sa taille
soutenait avec la cartouchière un sabre-baïon-
nette, la nature de ces armes indiquait qu'il
s'agissait de la chasse à l'homme.

Françoise jetait de temps en temps un regard
inquiet sur cet accoutrement moitié rustique
moitié guerrier. Après quelques instants de si-
ence, elle hasarda la question qui correspon-
dait aux idées qui lui traversaient l'esprit.

— « Dans ton excursion vers Dijon, » dit-elle à son fils, « tu n'as couru aucun danger ? »

— « Oh ! » dit-il tranquillement, « comme toujours en ces sortes d'affaires, on va jusqu'à ce qu'on voie une sentinelle ou un poste à portée, et si l'occasion est bonne on tire un coup de fusil, naturellement on en reçoit quelques-uns en échange. Aujourd'hui je n'ai pas perdu ma poudre. Je suis allé jusqu'à la hauteur de Perigny, j'ai vu près d'un poste un groupe de capotes noires, je crois qu'ils buvaient, les gaillards, j'ai tiré dans le tas, et je crois bien que j'ai touché. Ils m'ont répondu ; mais c'est tout juste si j'ai entendu siffler leurs balles. Un dragon qui était en vedette m'a couru dessus, mais j'avais eu le temps de lui préparer son affaire, et celui-ci, par exemple, a eu son compte.

— « Grand Dieu ! » s'écria Françoise en laissant tomber l'assiette qu'elle tenait à la main.

— « Qu'est-ce donc, mère ? » fit Gratien en quittant sa pipe.

— « Mon pauvre garçon, ton premier coup de fusil a tué un lieutenant auquel j'avais parlé cinq minutes auparavant.

— « Ah ! Eh bien ! mais je ne suis pas si

pauvre garçon, alors, c'est un bon coup double.

— « Oh ! Gratien, peux-tu parler ainsi ? Moi qui avais demandé pardon à Dieu d'avoir souhaité la mort de ce jeune homme parce qu'il m'avait offert de boire avec lui ! Je vais en rêver, c'est sûr.

— « Allons donc, si on ne devait pas dormir parce qu'on a vu tomber un ennemi, ce ne serait pas la peine pour moi d'être venu coucher ce soir au logis. Vois-tu, mère, si ces gens là avaient voulu, nous aurions la paix maintenant ; puisqu'ils veulent continuer la guerre, le bon Dieu saura bien voir sur qui doit retomber le sang versé. Quant à moi, je ne pense plus à ce qui peut m'arriver, et je ne vois pas pourquoi je m'inquiéterais plus de leur vie que de la mienne. Allons, mère, ne pensons plus à cela, Français et Prussiens, nous sommes tous dans la main de Dieu qui nous jugera.

— « Mais, j'y pense, et Suzanne, est-ce qu'elle a quitté le pays ?

— « Non, tu la verras, elle n'est pas loin, et nous allons bien la voir arriver pour souper ; la brave fille n'a pas voulu me quitter.

— « Cela ne m'étonne pas d'elle, cependant j'aimerais mieux la savoir ailleurs qu'ici. Et à propos, il faut que tu me promettes une chose.

Si on se bat par ici, promets-moi que vous partirez toutes les deux pour Nuits aussitôt que tu verras que la maison peut recevoir des obus ou que les Allemands viendront occuper le village comme poste de combat.

— « Je te promets qu'aussitôt que je verrai les autres jeunesses se sauver, je l'enverrai à Nuits ; quant à moi, je resterai au logis tant qu'ils ne viendront pas m'y enfumer en brûlant le village au pétrole. Je veux garder ton bien, d'ailleurs il faut vivre, je fais mes petites affaires à Dijon, je ne veux pas aller tendre la main dans une autre ville, je suis vieille, s'il faut mourir ici ça ne me fait pas peur.

— « Allons, mère ! sois donc raisonnable, tu pourras bien emporter de quoi vivre sans tendre la main.

— « Je suis raisonnable ; mais tu sais, quand j'ai quelque chose dans la tête... Tiens, je crois que j'entends Suzanne, ne parlons pas de cela devant elle. »

La porte s'ouvrit en effet, et une jeune fille, qui portait sur la tête un assez gros fagot de bois mort apparut sur le seuil.

Gratien se leva vivement et courut enlever le fagot qui obligeait celle qui le portait à se baisser pour passer, et, le jetant de côté, il tendit les deux mains à Suzanne.

— « Vous ici, M. Gratien ? » dit la jeune servante avec une physionomie dont la franchise laissait voir un mélange de plaisir, d'étonnement et d'émotion.

— « Oui, ma bonne Suzon, » dit le franc-tireur en serrant la main qu'elle avait placée entre les siennes.

— « Embrasse-la donc, nigaud, » dit la mère.

Deux baisers sonores, sur des joues rougies par le froid, montrèrent que Gratien n'attendait qu'une permission quelconque pour accentuer ainsi les témoignages d'affection qu'il donnait à Suzanne.

Nous ne décrirons pas, comme le font beaucoup d'auteurs, la beauté du nouveau personnage que nous venons d'introduire en scène, et la principale raison, c'est que Suzanne n'était pas belle, c'était une forte fille, âgée de vingt-cinq ans environ, et dont l'honnête figure laissait deviner une âme de robuste santé comme sa personne.

— « Ah ! j'ai bien du plaisir à vous voir, M. Gratien, dit-elle ; mais, m'est avis que vous venez trop près des Prussiens.

— » Ne t'inquiète pas, jusqu'à présent le

voisinage a été plus fâcheux pour eux que pour moi.

— « Allons, à table, dit la mère Migeon, voilà l'omelette qui est prête ; Gratien, va chercher une bouteille dans le cellier, nous causerons en soupant. »

Le modeste repas fut animé et presque gai. Gratien affectait une grande confiance et promettait la prochaine délivrance de Dijon, peut-être de la France ; on maudit Bismarck et le roi Guillaume. Françoise raconta ce qu'elle avait vu à Dijon, son fils lui fit répéter plusieurs détails, il lui dit que la division du général Crémer était maintenant en état d'appuyer les manœuvres de Garibaldi, et que si l'armée de la Loire continuait ses succès, la débâcle prussienne pouvait commencer d'un moment à l'autre.

Après le souper, et quand tout fut en place, Françoise invita son fils à prendre du repos.

— « Va te mettre sur mon lit, garçon, lui dit-elle, nous avons quelque chose à faire, Suzanne et moi, nous allons veiller un peu. Dors bien et ne t'inquiète pas. J'irai dormir avec Suzanne dans la chambre du haut, et je ne dormirai que d'un œil, si j'entendais quelque chose je taperais au plancher, et tu pourrais te sauver par le verger.

— « Il n'y aura rien cette nuit, adieu, mère, à demain, au revoir, Suzanne. »

Le jeune homme s'étant retiré dans une petite pièce du côté du jardin, les deux femmes se mirent au travail, elles rincèrent des bouteilles qu'elles remplirent de vin blanc dans lequel elles mettaient un peu de sucre et des ingrédients que Françoise avait apportés de la ville, puis elles bouchaient, ficelaient et trempaient le col des bouteilles dans du goudron verdâtre qui chauffait au foyer. Mais laissons-les terminer ce travail assez étrange pour deux paysannes habitant un village de la côte bourguignonne, et respectons le mystère dont elles paraissent avoir besoin vu l'heure qu'elles ont choisie pour exécuter cette besogne.

CHAPITRE III.

LE COLONEL CHARBONNEL.

Le lendemain, Françoise Migeon, laissant Suzanne à la maison, partit pour Dijon avec un
panier de provisions dans lequel elle avait placé
quelques-unes de ces bouteilles que les deux
femmes avaient préparées dans la soirée. Quant
à Gratien, après une nuit de bon sommeil, il
avait embrassé sa mère, et, lesté d'une bonne
soupe que lui avait préparé Suzanne et d'un
verre de vin, il était parti, le fusil sur l'épaule,
du côté de Nuits, annonçant qu'il reviendrait
le soir pour prendre les instructions du colonel

qui lui avait donné rendez-vous à Chambeuj
pour la soirée de ce jour-là, qui était le 25 no
vembre.

En effet, à la tombée du jour, la mère, le
fils et la servante se retrouvaient au modeste
logis et se racontèrent leurs impressions de la
journée. Françoise rapportait encore une bonne
recette ; mais elle avait vu un grand mouvement dans la garnison badoise de Dijon. Les
régiments stationnaient l'arme au pied sur les
places, elle avait vu le matin partir des dragons dans la direction de Plombières par la
route qui longe le chemin de fer, à chaque
instant des estafettes arrivaient au quartier-
général, et plusieurs régiments étaient partis
successivement dans la même direction, on disait qu'il y avait eu des rencontres de reconnaissance en avant de Malain, dans l'après-
midi, l'artillerie partait, on s'attendait à une
attaque de Garibaldi.

Suzanne avait en effet appris dans le village
que les Garibaldiens s'avançaient vers Dijon
par la vallée de l'Ouche, on avait vu passer à
Saint-Victor des francs-tireurs et des Marseillais qui venaient de Pont-d'Ouche et qui allaient à Ancey, qui est à trois kilomètres de
Malain.

Gratien écoutait ces récits, se faisait répéter les heures où on avait vu passer ces troupes, traçait quelques notes sur un carnet, et répétait en hochant la tête : « Oui, oui, ça va chauffer, et les Prussiens en vont voir de dures, pourvu que tout marche bien ensemble et que Garibaldi n'aille pas trop vite et fasse coïncider son attaque avec celle de Crémer. »

— « Comment, dit Françoise, est-ce qu'on va les attaquer aussi d'un autre côté ?

— » Je l'espère bien , dit le franc-tireur ; écoute, mère, ajouta-t-il, je crois que le colonel ne viendra pas ce soir. Il va y avoir demain une bataille du côté de Prénois, il y sera, quant à moi, il faut que je parte.

— » Comment, tu ne vas pas te reposer ? Est-ce que tu pourras aller te battre demain si tu as marché toute la nuit.

— » Je ne me battrai pas demain. Marchant toute la nuit, j'aurais de la peine à arriver à temps pour la bataille, et d'ailleurs il faut que j'aille du côté de Gevrey. Je dirai au général Crémer ce que je sais. Il ne sera pas fâché d'apprendre ce qui se prépare au nord-ouest de Dijon. J'ai donc mieux à faire pour demain que d'aller démonter quelque dragon ; mais notre tour viendra, dit-il en frappant sur la crosse de son fusil qu'il avait déjà saisi. »

Les deux femmes levaient les mains au ciel.

— « Mais ne vas-tu pas souper, au moins ? dit la mère.

— » Donne-moi un morceau sur le pouce et un verre de vin, et vous, Suzanne, mettez, je vous prie, un autre morceau de pain et du fromage dans ma musette et emplissez mon bidon. Ecoute, mère, il faut tout prévoir. Comme je l'ai dit, je serai ici demain soir, car il est probable que j'irai jusqu'à Nuits. Pendant mon absence il peut se passer ici bien des choses, et par exemple vous pourriez voir venir les Prussiens. Dans ce cas, il est convenu que Suzanne se sauvera du côté de Nuits, quand à toi, vieille obstinée, tu resteras, puisque tu le veux : mais comme je n'ai pas envie de me faire prendre comme un nigaud, il faut que je sois averti s'il y a des Allemands près de la maison. Donc à deux heures de l'après-midi s'il n'y a pas de danger pour moi à rester ici, tu mettras au bout d'une perche à la lucarne du pigeonnier, quelque chose qui se voit de loin, tiens, le mouchoir rouge que tu as là au cou. Si je ne suis pas rentré à la nuit, tu mettras sur la lu-

carne une lanterne allumée. S'il y a des ennemis dans le voisinage, tu ne mettras rien.

— » C'est entendu

— » Si monsieur Charbonnel vient avant
mon retour, dites-lui de m'attendre ici pour
que je puisse lui dire ce que fait la division
Crémer. Allons, adieu, si le bon Dieu nous
aide, j'espère que demain soir les Français en-
treront dans Dijon. »

Le jeune homme partit, les deux femmes le
regardèrent s'éloigner, la mère serrait le poing
en regardant de son œil gris son fils qui des-
cendait le chemin creux et Suzanne essuya une
larme lorsqu'elle le vit au moment de disparaître, soulever son chapeau en tournant la
tête de leur côté.

Françoise Migeon et sa servante entrèrent à
la maison, mais elles ne purent souper, le travail de la soirée n'allait pas, à chaque instant
des réflexions que se communiquaient les deux
femmes leur faisaient interrompre leur tâche
Elles firent une prière en commun ; mais cha-
cune d'elle prolongea la prière auprès de sa
couche, la nuit se passa sans sommeil, et vers
le matin des coups sourds que l'on entendait
au-delà de la vallée de l'Ouche, firent lever
simultanément la paysanne et sa servante

— « Entendez-vous , mère Migeon , c'est le canon, » dit Suzanne.

— » Oui, ma fille , c'est du côté de Plombières. Gratien avait raison , la journée sera chaude. Viens donc à ma fenêtre, il ne fait pas encore bien jour, on voit la lueur à chaque coup.

— » C'est vrai , et même tenez , plus loin , là-bas, du côté de Prénois , c'est comme des éclairs. Et dire que chacun de ces coups tue des hommes, mon Dieu que les hommes son méchants !

— » Oui, ceux qui ont voulu cette guerre et ceux qui rendent aujourd'hui la paix impossible, auront un terrible compte à rendre. »

Le jour parut pâle et brumeux , une pluie fine voilait l'horizon, mais les coups de canon se précipitaient plus nombreux.

Tous les habitants du village sortaient de la maison pour écouter ce sinistre vacarme , la place du village était pleine de monde malgré le mauvais temps, chacun faisait des réflexions, on ne travaillait pas , à peine songeait-on à manger. Dans l'après-midi le bruit de la bataille semblait se rapprocher de Dijon, on commença vers cinq heures du soir à entendre la fusillade quoique l'attaque n'eut pas lieu du côté de la ville qui était la plus proche de Chambeuf.

Françoise disait à Suzanne : « si les Français entrent aujourd'hui dans Dijon, il regrettera bien de n'avoir pas été à la bataille.

— « Et vous, mère Migeon, est-ce que vous le regrettez ? » dit la servante.

— « Non, puisqu'il fait son devoir ailleurs. Mais, j'y pense, il faut que j'aille mettre la lanterne à la lucarne du pigeonnier, avec ce temps noir c'est à peine si à l'heure qu'il est il verrait le chiffon rouge que j'y ai mis à midi.

Il semblait que Gratien attendît le signal, car cinq minutes après, il arrivait les guêtres pleines de boue et sa blouse trempe par la pluie.

— « Le colonnel est-il venu, » dit-il ?

— « Non, répondit Françoise, il est sans doute à la bataille, entends-tu le vacarme ?

— « Oui, c'est une vraie bataille et c'est bien près de la ville, quel dommage que la division Crémer ne soit pas en mesure d'attaquer ! »

On rentra à la maison pour faire souper le franc-tireur qui mangea de bonne appétit tout en prêtant l'oreille au canon et à la fusillade.

La nuit étant venue, son obscurité ne faisait

pas cesser le combat, à chaque instant le ciel s'éclairait du côté de Dijon de lueurs rouges auxquelles succédaient les détonations, il était évident que le combat se rapprochait de la ville et par conséquent que les Allemands étaient en retraite; vers neuf heures il semblait que tout allait finir, les coups devenaient de plus en plus rares, et on pensait que la nuit avait enfin rendu la lutte impossible, lorsque tout-à-coup éclata une fusillade terrible qui venait manifestement des faubourgs de la ville; mais ce fut comme le bouquet d'un feu d'artifice, le bruit s'éteignit ensuite rapidement, quelques détonations isolées et de plus en plus éloignées furent bientôt suivies d'un silence complet, les habitants de Chambeuf rentrèrent dans leur demeure en se demandant avec anxiété quel était le vainqueur, quel était le vaincu? Les Français étaient-ils repoussés ou les Prussiens évacuaient-ils Dijon, et les derniers coups de canon étaient-ils destinés à précipiter leur retraite!

Le sommeil avait mis fin aux conversations dans lesquelles on se communiquait ses conjectures, et les lumières s'étaient successivement éteintes dans le village, la fenêtre de la maison de la mère Migeon indiquait que là seulement

on veillait, lorsque des pas pesants se firent
entendre, un bruit d'armes indiquait qu'une
troupe approchait du village, bientôt elle déboucha sur la petite place, une voix commanda
halte, les crosses de fusils frappèrent la terre
et un groupe d'officiers se détachant de la compagnie marcha droit à la maison ou brillait
une lumière.

— « Ouvrez, ouvrez, mère Migeon, dit une
voix, ce sont les francs-tireurs bourguignons.

— » Ah ! c'est vous enfin, colonel, dit Gratien en ouvrant la porte.

— » Bonsoir, M. Charbonnel, dit Françoise
en ouvrant sa fenêtre, entrez, entrez, nous vous
attendons. »

Le colonel Charbonnel entra dans l'humble
logis. C'était un homme assez singulier que ce
colonel, âgé de cinquante ans environ, il était
de petite taille et d'allures très vives, sa figure
franche et réjouie animée par deux yeux petits
et brillants, n'avait rien de militaire excepté
trois profondes balafres sur la joue droite qui
rayaient sa figure de trois cicatrices parallèles,
il semblait qu'une griffe énorme eut labouré le
visage de cet honnête bourgeois bourguignon.
C'est qu'en effet, M. Charbonne avait la passion
de la chasse des fauves, dès sa plus tendre jeu-

nesse les lauriers de Gérard le tueur de lions
l'avaient empêché de dormir, comme lui il était
allé en Afrique, et, dans les nuits du désert,
il avait vu souvent briller les yeux de la pan-
thère. La guerre avait fait tout naturellement
du chasseur intrépide un franc-tireur, et son
activité, son sang-froid, sa bonhomie, lui ayant
attiré la confiance de tous, les compagnies fran-
ches se groupaient tout naturellement autour
de lui ; de sorte qu'il s'était un beau jour
trouvé colonel pour ainsi dire s'en sans douter
et par la force des choses. Il fallait regarder de
bien près les manches de sa blouse pour y voir
les cinq galons roussis qui marquaient les in-
signes de son grade, il ressemblait du reste en
tout à ses soldats. Chapeau de feutre mou,
blouse bleue avec une croix rouge sur l'épaule,
le pantalon dans des guêtres de toile ; il portait
avec l'aisance d'un chasseur une carabine Remington dont le canon bronzé ne lançait dans
la nuit aucun reflet. Un sifflet d'argent pendait
à son cou. Il avait une grande autorité sur ses
hommes qui lui parlaient avec respect et déférence ; mais la hiérarchie était peu apparente
dans ce corps, en dehors du combat ; chaque
soldat était connu personnellement du chef qui

traitait ses hommes plutôt en compagnon qu'en subordonnés.

Le commandement d'ailleurs n'en souffrait pas, car dans les manœuvres du combat, une grande part était laissée à l'initiative individuelle et la confiance qu'on avait dans les chefs et particulièrement dans le colonel assurait la fidèle exécution de leurs ordres. Un appel, un coup de sifflet suffisaient pour imprimer une direction commune à tous ces tirailleurs qui semblaient combattre chacun pour son compte.

Le colonel avait une certaine prédilection pour Gratien dont il appréciait le courage et la loyauté; il se l'était attaché, et nous pourrions dire que Gratien était le brosseur du colonel si le colonel avait pris le temps de se faire brosser, mais dans cette vie d'aventures guerrières, le colonel demandait à Gratien des services tout autres que des soins personnels; grâce à la connaissance parfaite qu'il avait du pays, grâce à son intelligence et à sa ponctualité à remplir un ordre, le jeune homme était précieux pour remplir une mission de confiance. Aussi chaque fois que le colonel avait besoin de voir quelque chose par lui-même, et qu'il était retenu, qu'il lui fallait donner à un chef un renseignement précis sans le mettre par écrit, il envoyait Gratien et il était sûr que la mission serait remplie comme s'il s'en était acquitté en personne.

Le village tout entier s'était réveillé à l'arrivée des francs-tireurs, les lumières s'étaient rallumées et le feu flamba bientôt dans chaque foyer comme pour un réveillon de Noël. Des sentinelles avaient été placées aux abords du village et sur la place, la compagnie formait les faisceaux. Les villageois se pressaient autour des soldats et les invitaient à venir dans leurs demeures pour se reposer et prendre des aliments dont ils avaient grand besoin ; mais la compagnie conservait ses rangs tandis qu'un jeune lieutenant attendait les ordres de son supérieur.

— « Capitaine Camus, dit le colonel, tenez, prenez ma bourse et faites la solde à vos hommes, je suis en fonds, par hasard , nous compterons plus tard ; nous sommes ici chez de braves gens, il faut que nous puissions leur laisser un peu d'argent après avoir profité de leur hospitalité. »

— « Ah ! c'est bien inutile, dit un paysan, nous aimons mieux donner nos denrées à de braves Français que de les garder jusqu'à ce que les Prussiens viennent nous les prendre. »

— « Eh bien ! mon colonel, dit Gratien, lorsque M. Charbonnel franchit le seuil de la maisonnette de la mère Migeon, qu'a-t-on fait aujourd'hui près de Dijon ? »

— « Eh bien ! mon pauvre ami, affaire manquée ; mais nous raconterons cela en soupant, dis-moi d'abord ce que tu sais de la division Crémer. » (1).

— « Voici , mon colonel ; j'ai vu à Gevrey une forte reconnaissance commandée par le colonel Poullet, le chef d'état-major du général Crémer. Le général appuie le mouvement avec le gros de ses forces, il va s'établir à Gevrey et à Moret pour attaquer Dijon, dont son avant-garde n'est plus qu'à huit kilomètres, il a envoyé une légion de mobilisés du Rhône sur Dijon, par Tard-le-Haut, avec une batterie de canons Armstrong. Son intention est d'attaquer la ville demain au jour. »

— « Sacrebleu ! dit le colonel, que n'a-t-il attaqué aujourd'hui ! Maintenant, impossible , allons il n'y a pas de temps à perdre, j'espère bien que Bordone lui aura envoyé dire le malheureux résultat de la journée ; mais je me fie

______

(1) Les forces commandées par le général Crémer qui ne constituaient d'abord qu'une brigade, furent élevées à cette époque à l'effectif d'une division.

médiocrement à Bordone, et pour plus de sûreté, il faut l'avertir. »

Le colonel tira son carnet :

— « Cherchez-moi quelqu'un pour aller à Gevrey, dit-il, mes hommes sont fatigués, toi Gratien, tu l'es aussi et je veux t'avoir avec nous demain. Voyons un gamin qui ait du toupet. »

— « Moi ! mon général, dit un petit drôle déguenillé qui avançait sa figure à la porte, en montrant ses yeux brillants et sa mine curieuse. »

— « Soit , dit le colonel. Tu vas prendre ce petit papier et tu vas aller à Gevrey, tu demanderas le colonel Poullet , et tu lui remettras cela. Si tu ne vois pas de Français à Gevrey, tu t'en iras vers Nuits jusqu'à ce que tu en rencontres, et tu remettras cela à un officier en disant que c'est du colonel Charbonnel pour le général Crémer. »

— « Oui mon colonel. »

— « Et si tu rencontres les Prussiens ? »

— « J'avalerai le papier et je ferai la bête. »

— « C'est cela ; mais quand ils t'auront lâché, il faudra continuer, et alors tu iras dire au général Crémer de ma part que l'armée des

Vosges a échoué dans son attaque contre Dijon et qu'elle est en retraite sur Autun. »

— « N'ayez pas peur, je dirai ça. »

— « Tiens te voilà cent sous. »

— « Merci, mais gardez-les jusqu'à ce que je revienne, si les Prussiens me trouvaient un écu dans la poche ça serait mauvais pour moi, si je ne suis pas ici au matin, donnez les cent sous à la mère Michaud. »

— « C'est entendu, bonne chance, mon garçon. Comment t'appelles-tu ? »

— « Louis Michaud. »

— « Adieu, Louis Michaud. »

Le colonel regarda partir son messager et écouta pendant une minute ses sabots qui résonnaient dans le chemin creux, puis se tournant vers l'intérieur de la maison : « et maintenant mère Migeon, cria-t-il, une grosse omelette, si c'est possible. »

— « Certainement que c'est possible, cher monsieur Charbonnel, répondit la paysanne, voilà que je fais revenir mon lard. »

Le colonel et son état-major remplissaient la pièce qui servait à la fois de cuisine et de salle à manger. Françoise avait grand peine à trouver la place de manœuvrer sa poêle, tant on s'empressait autour du foyer. Des uniformes mouil-

lés s'élevait une vapeur qui se mêlait à la fumée des pipes commençait à épaissir l'atmos
phère. Suzanne et Gratien allaient et venaient,
disposant tout pour le repas.

« Comment du champagne ? » Dit tout d'un
coup un capitaine à face réjouie en montrant
des bouteilles soigneusement rangées sur une
planche.

« Oh ! ne vous y fiez pas, messieurs, » dit
Françoise. « Ce champagne là, c'est bon pour
les Prussiens. Gratien ira vous chercher quelques bouteilles derrière les fagots qui vous vau-
dront mieux que cela. »

« Comment, comment, mère Migeon, vous
ravitaillez l'ennemi ? dit le colonel. »

« Ah ! il faut bien que tout le monde vive,
j'avais du petit vin blanc de la côte que mon
Gratien ne pouvait plus boire puisqu'il n'était
plus ici, et qui menaçait de prendre une pointe. Il avait cependant une jolie couleur dorée,
et limpide comme de l'eau de roche, j'ai pensé
à la rage qu'ont ces Allemands de boire du
champagne, et je me suis dit qu'avec un peu
de sucre candi et quelque chose pour le faire
mousser, mon petit vin ferait de tout aussi bon
champagne que ce que vendent les épiciers de
Dijon. »

— « Ah ! bravo ! C'est vrai au moins que ces barbares, en pleine Bourgogne et à deux pas de Chamberlin , demandent du champagne, et le préfèrent au vin du pays, et ils se disent forts en géographie ! — Et votre industrie a réussi?»

— « Mais oui , j'ai un laissez-passer pour la ville et cela me permet de voir bien des choses. »

— « Bon cela , alors nous viendrons souvent chez vous, puisqu'on peut y avoir de bons renseignements. Allons, mes amis voilà une bonne omelette, à table. »

La manœuvre des fourchettes et le mouvement des mâchoires suspendit pour un temps la conversation ; on n'entendait de temps en temps qu'une exclamation énergiquement admirative du talent de cuisinière de la mère Migeon", et de l'excellence de son vin. Quand l'omelette fut finie, les entretiens sur les événements de la journée reprirent, l'un citait tel épisode du combat, l'autre expliquait comment était tombé tel camarade qui n'était pas là.

« Messieurs, dit Charbonnel, pour ceux qui n'y étaient pas et particulièrement pour le lieutenant Poinsot que sa blessure avait retenu à Plombières, et pour mon brave Gratien qui a besoin d'être édifié sur les faits de la journée, je vais vous dire comment les choses se sont passées.

« Nous occupions les bois au-delà de Plombiè-res et nous avions devant nous les hauteurs de Prénois que l'ennemi avait couronnées d'artil-lerie ; j'avais un de mes bataillons devant Pas-ques, nous étions là à recevoir des obus depuis midi, et il était bien quelque chose comme deux heures quand on me porta un ordre de lancer ma colonne en avant sur les batteries, en ti-railleurs. Cela nous allait. Nous sortîmes des bois, et je vis Garibaldi à cheval qui venait du côté de Latenay et qui conduisait à l'assaut les colonnes de son fils Menotti. Les Garibal-diens étaient aussi déployés en tirailleurs et ils montaient très crânement une rampe abrupte vers Prénois. Nous nous trouvions à l'aile droite et notre mouvement convergeait avec le leur. Nous commencions à arriver à bonne portée pour viser les artilleurs qui commençaient à tomber, mais il y avait derrière l'artillerie des masses noires qui nous promettaient une terri-ble besogne si nous approchions trop des ca-nons. Les obus tombaient toujours ; mais ne nous faisaient pas trop de mal à cause de no-tre disposition en tirailleurs, et puis comme nous avancions, l'ennemi était obligé de rectifier son tir à chaque instant. Tout-à-coup je vis déboucher de derrière un bouquet de bois qui était à notre gauche une troupe de cavaliers, il y avait quelques chasseurs et un escadron de guide garibaldiens. Cela partit au galop tout droit sur les batteries allemandes. Vous savez le culte que ces gaillards-là ont pour leurs canons, ils eurent peur sans doute qu'il n'y en eut quelques-uns de pris, nous vîmes les servants manœuvrer avec une prestesse admirable et faire demi-tour en emmenant leurs pièces.

« Vous pensez que cela nous donna du cœur ; cependant il y avait toujours devant nous les lignes noires qu'il allait falloir aborder ; nous montions le plus vite possible en leur envoyant des balles de chassepot qui portaient bien dans la masse, je vous assure. Nous nous attendions à chaque instant à voir s'abaisser les fusils Dreiss, car nous arrivions à bonne portée, lorsque tout-à-coup la masse entière fit demi-tour et nous montra le dos. Il paraît décidément que les Allemands n'aiment pas à attendre l'infanterie, quand ils n'ont pas leurs canons devant eux.

« Nous continuâmes d'avancer, la nuit commençait à tomber, nous eûmes à faire le coup de fusil devant le village de Darois qui fut assez vite emporté ; c'est là que le pauvre Julien Boulanger est tombé ; c'est là que vous avez attrapé votre atout, vous lieutenant Leroy, et à ce propos, comment vous sentez-vous ? » Les yeux se tournèrent vers le lieutenant Leroy, un jeune homme à la moustache blonde, dont la vareuse déchirée et sanglante sur l'épaule recouvrait de ce côté le bras retenu en écharpe par un pansement sommaire.

— Merci, mon colonel, dit Leroy, la balle n'a fait qu'un sillon, cela me fait chaud ; mais comme c'est à l'épaule gauche, cela ne me gêne pas pour manger. »

— « C'est l'essentiel pour le moment, » dit en riant le colonel, « mais je reprends. Les Allemands étaient en retraite de tous les côtés, en sortant de Darois, je me trouvais tout près de Garibaldi et je l'entendis qui disait en se tournant vers son chef d'état-major : « Eh bien ! colonel, allons nous souper à Dijon ; — « Allons à Dijon. » J'avoue que je trouvais la décision bien vite prise ; cependant je me dis : il a peut-être raison, puisque l'ennemi cède, il faut pousser. La nuit était venue, par quelques coups de sifflets, je rassemblais mes francs-tireurs, et on se remit en marche. Garibaldi avait fait venir une voiture, il avait fait donner l'ordre de ne pas tirer un coup de fusil et d'attaquer toujours à la baïonnette. Nous marchions en silence, le général dans sa voiture fredonnait une chanson, il a du toupet ce vieil enragé là. Quand nous fûmes devant Talant, il descendit de voiture et debout devant son état-major, il nous fit défiler : « Allons, enfants, du courage, nous disait-il, et pas un coup de fusil ! » Cela se passa bien comme il l'avait dit en commençant. Les carabiniers Génois qui étaient en avant-garde, abordèrent silencieusement les avant-postes prussiens et les enfoncèrent à la baïonnette. Puis le clairon sonna la charge et le vieux reprit sa chanson, mais cette fois à pleins poumons : « Aux armes ! aux armes ! aux armes. » J'aurais mieux aimé continuer comme nous avions commencé : vous savez, quand les balles sifflent, moi je ne crie pas, ça empêche de bien ajuster. Nous fûmes reçus dans les faubourgs par une belle décharge de mousqueterie, mais tirée trop haut. Nous entrons à Dijon au pas gymnastique, et nous pénétrons en ville jusque dans les maisons de la place d'Arcy. Cela allait parfaitement, on entendait battre le rappel des Prussiens dans la ville, et ceux qui étaient devant nous se sauvaient très bien ; mais nous étions trop peu de

monde et nous avions grand besoin d'être appuyés, car il était évident que les Prussiens se
reformaient plus loin et que nous allions les retrouver avec leur solidité habituelle. Or nous
entendons bientôt du côté de Saint-Apollinaire,
une effroyable décharge, qui évidemment ne
venait pas des nôtres, nous ne nous sentions
pas appuyés ; on ne voyait plus de Prussiens
devant nous, mais il fallait bien qu'ils fussent
quelque part, il était évident qu'ils avaient gagné hors ville quelque point de ralliement, et
ces grosses décharges de mousqueterie montraient bien qu'ils s'étaient ralliés. Il s'agissait
de ne pas se laisser envelopper ; comme nous
ne voyions venir aucune troupe à notre secours,
il fallut se replier et il n'était que temps, car
en sortant de la ville nous rencontrâmes des
bandes de mobiles qui se sauvaient, c'étaient
ceux qui auraient dû nous appuyer. Puis il
nous arriva des Garibaldiens, des guides à
cheval, tout cela mêlé, c'était une débâcle, et
dans cette nuit noire et pluvieuse, je vis bien
que nous ne pouvions pas rester en troupe. Je
sifflai, et j'ai pu attirer près de moi trois officiers
de francs-tireurs, je leur ai assigné Pasques
comme point de ralliement, et je me suis mis
avec la compagnie Camus, et comme je tenais

à me mettre en communication avec Crémer, j'ai coupé au plus court pour venir ici par les bois.

« Vous voyez que si Crémer avait été averti, et ce n'était pas trop d'une division pour nous appuyer, si cette attaque de Dijon n'avait pas été une improvisation, nous coucherions dans la ville au lieu d'être ici. C'est très joli d'entrer dans Dijon en voiture comme on était entré à Naples, mais les soldats de Werder ne sont pas des Napolitains.

» Garibaldi est brave ; mais il a un grand défaut, il croit à son étoile. Or un homme qui croit trop à son étoile, pour moi c'est presque un lunatique. »

— « L'avis du colonel est presque le même que celui de notre aumônier, dit un lieutenant ; l'autre jour il me montrait Garibaldi, et il me disait : « vous voyez bien cet homme qui a tant insulté l'église et notre saint père le pape, eh bien ! c'est un fataliste ; c'est-à-dire qu'à sa manière il est superstitieux. »

— Je le crois, dit le colonel, et plutôt que d'être superstitieux, mieux vaut être chrétien. Je suis agacé quelque fois quand j'entends ces Italiens marcher au combat en criant : *viva*

Galibardi (1) *abasso Pio nono* (2). C'est bles-
sant pour les bons catholiques comme mon
Gratien par exemple qui est un bon soldat. »

— « Et vous, mon colonel, dit Gratien, est-
que vous n'êtes pas aussi bon catholique. »

— « Ah ! mon pauvre ami, j'ai bien peur que
non, cependant je dois dire que les panthères
d'Afrique m'ont fait quelquefois dire mon *in
manus* très dévotement, et encore aujourd'hui,
après le premier obus, je fais un petit bout de
prière et cela m'est très utile, cet acte accompli,
j'ai l'esprit tranquille et très libre au milieu
du danger, c'est je crois ce qui fait que quelque soit le tumulte autour de moi, j'ai toujours
assez de sang-froid pour voir ce qui se passe et
pour tirer juste. »

— « Si c'est la prière qui vous rend brave,
colonel, dit un officier, votre exemple vaut un
sermon. »

— « Allons, allons, Béranger, pas de com-
pliment, Tenez, faites-en si vous voulez à la
mère Migeon. Voilà un vin, voyez-vous, qui

(1) Les italiens ont imaginé plusieurs appellations
populaires qui sont des altérations du nom de Garibaldi. Galibardi en est une.

(2) A bas Pie IX.

est digne de s'appeler la liqueur des braves, je me sens déjà tout refait, et quand je vois étinceller ce rubis dans mon verre, je me dis qu'il vaut mieux mourir sur cette terre de Bourgogne que de la voir au pouvoir des Allemands. »

— « Oui, oui, nous mourrons tous s'il le faut, » cria l'assistance.

— « Messieurs dit le colonel, ce n'est pas là un serment d'ivrognes, je sais que vous avez tous fait comme moi le sacrifice de votre vie. Oui, nous sommes tous décidés à mourir pour la France, pour la France qui ne périra pas. Gratien, emplis les verres de ce vin généreux, bienfait de la patrie, chanté par nos poëtes au temps de la prospérité, et buvons à la France.

— « Vive la France ! » ce cri retentit avec un ensemble formidable tous ces hommes debout ; et élevant leur verre formèrent tout-à-coup un groupe magnifique. L'énergie, l'ardeur patriotique brillaient dans tous les regards, l'œil vif du colonel lançait un éclair tandis qu'une larme coulait sur la balafre de sa joue, plus d'un front enveloppé de linge ensanglanté, plus d'un bras en écharpe montraient ce qu'il y avait de sérieux dans cette manifestation patriotique faite le verre en main ; les vaincus, en sentant renaître leurs forces sentaient renaître l'espérance, ils aspiraient de nouveau au combat et affirmant l'immortalité de la patrie, ils souriaient à la mort

Le courage français est ainsi fait, d'enthousiasme, d'espérance, et d'une pointe de gaîté, bien coupables sont ceux qui n'ont pas su l'utiliser.

Maintenant dit le colonel, allons dormir. A sept heures du matin l'appel, et nous nous mettrons en marche. Ne soyez pas étonnés si vous entendez le canon avant le jour, vous pouvez tenir pour certain que nous aurons les Prussiens sur le dos demain matin. Mais reposons-nous et nous irons au-devant d'eux.

CHAPITRE IV.

LE COMBAT DE PASQUES.

A sept heures du matin, le 27 novembre, le
clairon sonnait sur la place de Chambeuf, de
chaque maison sortait un groupe de francs-tireurs qui venaient se ranger auprès des officiers
déjà à leur poste. Bientôt le colonel parut, il
jeta un coup-d'œil de satisfaction sur la petite
troupe sous les armes. Gratien était dans les
rangs.

« Nous allons à Pasques, mes enfants, dit le
colonel, c'est là que nous avons commencé hier
à battre l'ennemi. Aujourd'hui il va revenir
sur nous en force, vous savez que c'est l'habitude. Nous connaissons l'endroit, il est bon,

c'est là que nous arrêterons les Allemands, déjà
de braves amis nous y attendent, allons les
soutenir. »

Louis Michaud avait rapporté au colonel, un
mot de Crémer qui disait que sur l'avis des
événements de la veille, il renonçait à marcher
sur Dijon et se repliait sur Nuits.

La compagnie allait. se mettre en marche,
lorsque Françoise Migeon sortit de sa maison,
son panier au bras et vint se placer derrière
son fils.

— « Qu'est-ce que vous venez faire là, Françoise, dit le colonel. est-ce que vous avez l'idée
de venir avec nous. »

— « Monsieur Charbonnel, vous m'avez dit
que mon vin était bon, j'en ai pris quelques
bouteilles, m'est avis que par là-bas il ne doit
plus y avoir grand chose à boire ni à manger,
j'ai quelques provisions. permettez-moi d'être
pour aujourd'hui cantinière de la compagnie. »

— « C'est absurde ! Gratien. dis donc à ta
mère de rester au logis. »

— « Ah ! mon colonel, dit Gratien, si c'est
son idée vous ne l'en ferez pas démordre. »

Suzanne pleurait en tirant en arrière Françoise qui regardait le colonel d'un air décidé,

— « Allons, puisque, c'est ainsi, en route,
dit le colonel en jetant son fusil sur l'é-
paule. »

— « Colonne en avant ! Marche ! » cria le capitaine Camus, et la troupe sortit du village
suivie de tous les gamins de Chambeuf, tandis

que les hommes et les femmes sur le seuil des maisons les regardaient défiler.

— « Ah ! mère, tu as bien mauvaise tête, ◆ dit Gratien, lorsqu'on fut sorti du village. « Ce n'est point ici la place d'une femme de ton âge. »

— « Allons donc, garçon, j'ai bon pied, bon œil, et je ne fais que ce que font bien d'autres femmes à l'heure qu'il est, et ne vaut-il pas mieux s'il y a quelque mauvais coup à attraper, que cela tombe sur une vieille comme moi que sur une jeunesse. Suzanne voulait venir mais je lui ai bien défendu de bouger, il vaut bien mieux que ce soit moi. »

— « Allons, à la grâce de Dieu ! mais reste auprès de moi. »

La colonne cheminait sous les bois en suivant les hauteurs ; mais bientôt on descendit dans la vallée de l'Ouche, et on se dirigea à l'ouest de Dijon. Arrivé à la hauteur de Plombières, qu'on laissait sur la gauche, on commença à voir des traces de la bataille de la veille ; on voyait des arbres coupés par les obus, et, en avançant, on rencontrait là le cadavre d'un cheval, plus loin quelques pièces d'équipement ; partout le terrain, foulé par les hommes et par les chevaux, indiquait les mouvements de troupes qui avaient eu lieu. Les chemins, défoncés, boueux, étaient presque impraticables. Vers dix heures on entendit gronder le canon dans la direction nord-ouest par rapport à Dijon. L'armée de Garibaldi, victorieuse la veille, était maintenant en retraite et attaquée à son tour.

La compagnie marcha au canon, mais avec précaution ; un détachement partit en avant-garde, et une vingtaine d'hommes éclairèrent à droite et à gauche la marche de la petite troupe.

La marche avait été rapide ; à onze heures on arrivait à Pasques.fort à propos, car un détachement allemand attaquait le village avec furie. L'ennemi avait de l'artillerie ; il était commandé par le général Keller, détaché par Werder pour attaquer Pasques, pendant que lui-même, après avoir repris sur les Garibaldiens le village de Lantenay, allait pousser vigoureusement le reste de l'armée des Vosges, qui se retirait sur Autun. La défense de Pasques avait une grande importance, car l'attaque de Keller avait pour but de préparer un de ces mouvements tournants par lesquels les Allemands ont malheureusement réussi souvent à transformer nos revers en désastres.

Une poignée de braves défendait le village ; il y avait là 250 hommes de la guérilla Marseillaise, 450 hommes de la guérilla d'Orient, et 300 du bataillon de l'Egalité. Cette troupe était composée principalement d'hommes du Midi, courageux, mais un peu trop impressionnables, défaut dont les conséquences étaient d'autant plus à craindre, que la plus grande partie de ces troupes voyaient le feu pour la première fois.

L'œuvre de la défense était conduite par un homme énergique, le colonel Chenet, organisateur de la guérilla d'Orient. Charbonnel qui le connaissait, alla à lui pour savoir où en était le combat.

— « Je regrette, colonel, lui dit-il, de ne pas voir ici un plus grand nombre de nos francs-tireurs, à qui j'avais assigné Pasques pour point de ralliement. »

— « Oh ! dit le colonel Chenet, c'est que toute l'armée est en retraite vers Autun, nous avions reçus l'ordre de nous y embusquer pour protéger la retraite. »

— « Je vous amène une bonne compagnie de renfort ; mais mes hommes ont fait quatre heures de marche et sont fatigués ; nous allons, si vous voulez bien, vous servir de réserve pour nous reposer un peu. »

— « Très bien ! nous allons bien tirailler une heure avant que cela chauffe tout-à-fait ; le poste est bon. »

Charbonnel, qui connaissait parfaitement l'endroit, n'eut pas besoin de longues explications, et approuva les dispositions prises par son collègue ; mais il est bon que nous donnions au lecteur quelques renseignements topographiques sur le théâtre du combat auquel nous voulons le faire assister.

Le hameau de Pasques (1), situé à quinze kilomètres nord-ouest de Dijon, à cinq kilo-

____

(1) Nous empruntons les détails du combat de Pasques à un livre de M. Robert Middleton : *Garibaldi, ses opérations à l'armée des Vosges.*

mètres nord de Lantenay, et à deux kilomètres
ouest de Prenoy, lieu principal de la bataille
de la veille, se trouve sur le sommet d'un pla-
teau à pente très douce ; il est bordé par un
ravin très profond, courant de l'est à l'ouest :
à l'est, au sud et à l'ouest, il est entouré d'un
magnifique glacis naturel de mille à douze
cents mètres de rayon. Une seule route, celle
de Lantenay à Prenoy, traverse le hameau, qui
est complètement entouré d'une clôture en
pierres sèches.

A l'extrémité des terrains en glacis se trou-
vent des bois. Au nord, le long du ravin, ces
bois se rapprochent. C'est au sud-est, entre
deux bouquets de ces bois, venant de Lantenay, que déboucha la colonne ennemie, qui ne
fut reconnue que lorsqu'elle se fut rapprochée
à une distance de mille mètres du hameau.

On avait d'abord aperçu une masse noire assez difficile à reconnaître à cause de la pluie
fine qui tombait, et, de plus, Chenet, à ce moment, avait des raisons de croire que Garibaldi
tenait encore à Lantenay ; il comptait voir se
replier sur lui des troupes amies en retraite
avant d'avoir l'ennemi en vue. Mais bientôt
cette masse mystérieuse se déploie, ses mouvements se font avec une précision mathématique, ces troupes s'ébranlent, et une ligne cor-
recte de tirailleurs couvrent leur front.

— « C'est l'ennemi ! » crie le colonel Chenet,
qui était à la tête de la troupe de reconnaissance.

Au même moment, comme pour appuyer son cri, le canon tonne, et les premiers obus arrivent avec leur sifflement métallique et éclatent derrière les rangs de nos soldats surpris. Un silence de mort succéda à cette première décharge et témoigna de l'émotion de ces troupes novices qui recevaient le baptême du feu.

Le canon fit une seconde fois entendre sa voix tonnante, et bien que les projectiles passassent par-dessus nos troupes sans les atteindre, la panique commençait à mettre du désordre dans les rangs.

Le colonel se trouvait au centre et en avant de la ligne de bataille, qui s'était formée à 200 mètres en avant du village ; il vit ce commencement de débandade ; mais, par des ordres précis il sut l'arrêter. Sur sa recommandation, la guérilla Marseillaise se déploya en tirailleurs sur la droite, et le bataillon de l'Egalité en avant ; il posta lui-même sa guérilla en troupe de soutien.

Après avoir réuni son bataillon dans une carrière de sable, à vingt mètres en arrière de la route, pour rallier cette jeune troupe et la prendre dans la main, il revint au combat, plaça ses compagnies derrière le mur qui formait l'enceinte du hameau, et, s'entourant de l'héroïque peloton des éclaireurs, il se tint prêt à se porter avec eux sur le point le plus menacé.

C'est à ce moment du combat que le colonel Charbonnel avait abordé son brave collègue.

Pour lui venir en aide, il rallia une quarantaine d'hommes de la guérilla d'Orient, s'empara de deux charrettes qui se trouvaient à l'entrée de Pasques, et fit construire une barricade en y ajoutant quelques fagots.

Une artillerie formidable canonnait le village ; la compagnie Camus était restée un peu en arrière pour se reposer ; mais bientôt les francs-tireurs, voyant que le feu devenait plus vif, ne voulurent pas rester inactifs plus longtemps. Déjà Charbonnel, placé derrière la barricade qu'il avait improvisée, avait plusieurs fois épaulé sa carabine Remington, et chaque fois, un tirailleur ennemi avait mordu la poussière. Bientôt il s'aperçut que Gratien était auprès de lui et faisait aussi le coup de feu. La mère Migeon, assise sur une pierre à quelques pas d'eux, débouchait tranquillement une bouteille.

— « Ah ! vous voilà, la mère, dit le colonel, passez-moi un verre de vin, cela m'éclaircira la vue ; avec ce satané brouillard il faut prendre des toniques pour que la main ne tremble pas. »

Ils avancent toujours. « Gratien, vise bien, mon ami, il faut tenir ici le plus longtemps possible. »

Ce disant, le colonel porta à sa bouche son sifflet. Les hommes de la compagnie Camus accoururent au bruit.

— « Allons, les Bourguignons, dit le colonel,

tout le monde sur le pont ; cela va chauffer, nous nous reposerons plus tard. »

Les tirailleurs ennemis n'étaient plus qu'à trois cents mètres. Au fracas retentissant des balles qui venaient avec un bruit sec s'aplatir sur les pierres du mur d'enceinte et sur les murs des maisons.

— « Ils avancent toujours. Ce sont de bons soldats, disait Charbonnel. Ah ! Bismarck, que tu auras fait tuer de braves gens ! Si je te tenais au bout de ma carabine au lieu de ce pauvre Badois que je vois là-bas. Paf ! allons, tant pis pour lui, pauvre garçon ! »

En ce moment retentit dans le village le cri : « A la baïonnette ! »

— « Quel est l'imbécile qui fait un pareil commandement ? Ne bougez pas, enfants, le poste est bon ; ne vous montrez pas et ajustez bien. A la baïonnette ! et contre qui ? contre des tirailleurs qui sont a trois cents mètres et qui sont appuyés à huits cents mètres par des masses énormes avec de l'artillerie.

Le cri : « A la baïonnette ! » retentit de nouveau ; en même temps un commandant de la guérilla Marseillaise, n'écoutant que son courage, obéit à ce commandement téméraire, franchit le mur d'enceinte et essai d'entraîner ses hommes. A vingt pas, il tombait atteint de deux balles.

— « Le fou qui se mêle de donner de pareils commandements, aura à se reprocher la mort de ce brave, » dit Charbonnel.

Un homme, à ce moment, franchit la barricade, et, la tête droite, méprisant les balles des tirailleurs ennemis qui rampaient à soixante mètres de lui, s'avance vers l'infortuné commandant, charge son cadavre sur ses épaules et la rapporte au milieu des francs-tireurs Bourguignons. Un cri d'admiration accueillit l'auteur de ce trait de bravoure ; mais la tête du commandant pendait inerte sur l'épaule du soldat ; l'héroïque Gratien, car c'était lui, n'avait enlevé qu'un cadavre sous le feu de l'ennemi (1).

— « Je te reconnais bien là, toi, lui dit Charbonnel ; mais tu n'es pas touché, au moins ? »

— « Je ne crois pas, » dit Gratien en regardant sa mère, qui se tenait immobile devant lui les yeux fixes et sans voix.

— « Allons, mère, ne me regarde pas ainsi ; toutes les balles que nous entendons siffler ne portent pas, heureusement. Tiens, donne-moi mon fusil, que j'avais posé contre le mur, et remets-toi dans ton coin. »

Françoise embrassa son fils sur le front, deux grosses larmes coulaient de ses yeux, puis elle lui tendit son fusil, et, tirant un chapelet de

(1) Le trait de courage que nous attribuons à notre héros a été réellement accompli par le grec Georges Meletis, de la guérilla d'Orient, qui, au péril de sa vie, rapporta le corps du commandant Chapeau, de la guérilla Marseillaise, victime, à Pasques, d'une héroïque témérité.

la poche de son tablier, elle alla s'asséoir sur la pierre auprès de son panier.

Toutes les dispositions de combat étaient admirablement bien prises. L'enceinte du village était hérissée de mousqueterie et vomissait la mort sur une armée ennemie formidable, forte de douze mille hommes d'infanterie, de trentedeux pièces de canon, de deux escadrons de cavalerie.

Ces masses n'osaient aborder franchement le petit hameau de Pasques, défendu par une poignée d'hommes.

Les hommes de la compagnie Camus entretenaient un feu terrible derrière leur barricade. Gratien avait repris son poste de combat ; mais au bout d'un instant il revint près de sa mère et lui dit :

— » Décidément, je ne puis plus soulever mon fusil de la main droite, j'ai quelque chose.»

La mère regarda le bras de son fils : un filet de sang sortait de l'extrémité inférieure de la manche. En un clin-d'œil elle eut décousu, avec ses gros ciseaux de ménagère, la manche de la blouse et coupé celle du gilet de laine. Le bras, au-dessus du coude, avait été traversé par une balle.

— « Je remue les doigts, cependant, et je ne sens rien craquer, dit Gratien ; l'os n'est pas atteint, seulement je ne puis plus tirer. »

Françoise tira de son panier de la charpie et des bandes, elle fit un pansement ; et, au moyen de la cravate de Gratien, elle lui mit le bras en écharpe.

— « Ah ! les brigands ! disait la mère tout en faisant sa besogne, je voudrais en tuer un »

— « Qu'à cela ne tienne, mère, mon fusil est auprès de toi, et il faudra bien que tu le portes, car je ne veux pas le laisser ici si nous sommes obligés de quitter la place, »

— « Comment fait-on, dit Françoise.

— « Oh ! ce n'est pas difficile ; tiens, tu n'as qu'à regarder cette mouche et l'homme que tu vises à travers cette échancrure. A cent ou cent cinquante mètres, si tu ne trembles pas, tu descendra un Prussiens aussi bien que le meilleur des francs-tireurs.

La paysanne monta sur la pierre sur laquelle elle était asssise et regarda par-dessus la barricade. Elle vit, à cent pas, des hommes coiffés de casques de cuir noir, qui épaulaient leur fusil en visant de son côté ; elle appuya le canon du fusil de Gratien sur une saillie du mur qui était auprès d'elle et fit feu.

— « Ah ! mon Dieu ! dit-elle, je crois qu'il est tombé.»

— « Tu vois, mère, ce n'est pas plus difficile que cela. »

A ce moment, un officier d'une des compagnies de méridionaux, qui se tenait en arrière et regardait de tout côté, fit entendre ce cri :

— « Colonel nous sommes cernés. »

— « Je le sais, monsieur, dit Charbonnel ; mais le beau mérite de tenir contre douze mille hommes si on devait lâcher pied aussitôt qu'ils menacent de vous tourner. »

A ce moment un obus vint éclater devant la barricade, et presqu'au même instant un autre éclatait contre une des deux charrettes qui la formaient et couvrait les défenseurs de terre et de débris. Plusieurs hommes furent blessés, deux tombèrent pour ne plus se relever. Il était évident que l'ennemi voulait faire renverser par son artillerie cette barricade d'où partait un feu meurtrier.

En même temps, dans le village, trois clairons sonnaient la retraite.

— « Quelle manie de trompette ! dit Charbonnel. S'il faut s'en aller, qu'avons-nous besoin de l'annoncer à l'ennemi ; et puis qu'est-ce qui leur prend de sonner la retraite sur notre gauche ? je vois bien que l'ennemi veut nous tourner par la droite ; mais si nous battons en retraite par le ravin de gauche, ils vont faire de nous une marmelade abominable : le ravin est commandé à la gorge par l'artillerie ennemie, et comme il est rectiligne, il est enfilé dans toute sa longueur.

Mes enfants, nous allons filer par la droite vers les bois, et s'il faut faire un trou pour y arriver, eh bien ! nous le ferons. »

Un coup de sifflet rassembla la troupe des francs-tireurs, qui partit l'arme au bras, laissant une arrière-garde qui continua à tirer par-dessus la barricade à moitié démolie.

Françoise donnait le bras à son fils et portait son fusil.

En sortant du village, la compagnie vit le colonel Chenet à la tête de quarante éclaireurs, et qui faisait signe à son monde de le suivre à droite du village, quoique les trois clairons continuassent à sonner sur la gauche.

— « Voyez-vous Charbonnel dit Chenet, lorsque la compagnie fut à portée de sa voix, nous faisons retraite par les bois à droite, mais je fais sonner à gauche pour tromper l'ennemi. »

— « Compris, l'ancien, c'est bien imaginé, les voilà qui envoient déjà leurs obus et leur fusillade à vos trois clairons. Vous savez que notre barricade a été démolie à coups de canon. »

Le colonel Chenet en apprenant ce détail fit activer la retraite en échelonnant quelques hommes de manière à faire croire à l'ennemi que le village était fortement occupé. Les Prussiens et leur artillerie n'étaient plus qu'à 40 mètres du mur d'enceinte. Le village tenait toujours, mais la retraite s'opérait, et déjà la plus grande partie des défenseurs avait gagné les bois.

La compagnie Camus formant le dernier échelon, et toujours commandé par l'intrépide Charbonnel, traversait en bon ordre un espace de terrain découvert et labouré de 800 mètres de longueur qui la séparait des bois.

Le brave colonel Chenet avait groupé autour

de lui une quarantaine d'hommes et marchait en extrême arrière-garde.

Les obus pleuvaient sur ce terrain découvert, les balles sifflaient de tous côtés, à chaque pas la colonne laissait en arrière un mort ou un blessé.

— « Attention, voilà des dragons, dit Charbonnel ; Camus, commandez halte, et montrons à ces messieurs que des francs-tireurs savent au besoin faire un joli feu de peloton. »

La compagnie s'arrêta au commandement du capitaine, et présenta un front de bataille à l'escadron qui venait sur elle avec l'intention de charger cette petite troupe avant qu'elle ait u atteindre les bois.

Les dragons arrivaient au trot, bientôt ils prirent le galop de charge, mais le terrain labouré était peu favorable et leur ligne perdait de sa régularité à mesure qu'ils avançaient. Néanmoins ils arrivaient rapidement, on entendait le cliquetis des sabres et l'haleine soufflante des chevaux, en même temps que le roulement que produisait le galop de la troupe. Lorsqu'ils furent à cinquante pas, Charbonnel leva le bras ; feu ! cria le capitaine Camus. La d'écharge retentit comme un seul coup de canon, et on vit à travers la fumée tourbillonner l'escadron de dragons ; la fumée en se dissipant laissa voir un affreux désordre de chevaux se cabrant derrière une ligne de cadavres, d'autres fuyaient en traînant leur cavalier retenu par l'étrier, quelques-uns entraînés par l'élan de la course vinrent jusque sur le front de la compagnie qui les reçut la baïonntte en avant, puis tout ce qui restait de cette cavalerie tourna bride en désordre, la compagnie lui envoyant encore des coups de fusil à volonté qui démontaient d'autres cavaliers.

— « Ils en ont assez, pour cette fois, allons, en route, » dit le colonel.

— « Eh bien ! Françoise, vous y prenez goût à ce que je vois. »

La paysanne avait en effet confié son panier à Gratien qui le portait du bras gauche, quand à elle, elle remettait dans le fusil de son fils une cartouche qu'elle tirait de la poche de son tablier, son œil gris lançait des éclairs, et le canon fumant de l'arme témoignait qu'elle avait pris part au combat.

La petite troupe gagna rapidement les bois, et dès lors sa retraite était assurée.

Le combat de Pasques avait été brillant, et fit le plus grand honneur au colonel Chenet qui avait été le principal ordonnateur de la défense. La retraite s'était faite avec tant d'ordre et de lenteur, que l'ennemi n'osait aborder le village, même lorsqu'il ne contenait plus aucun combattant. Il le croyait fortement occupé et craignait en avançant d'être pris entre les feux du village et ceux des bois, lorsque le général Keller entra dans Pasques, il fut tout étonné de n'y plus trouver que des médecins et des cantinières soignant les blessés.

Cette belle défense avait arrêté un mouvement tournant de l'ennemi et évité un désastre à l'armée des Vosges qui avait pu effectuer sa retraite sur Autun.

La compagnie Camus avait fait pendant le combat des pertes sensibles, plus de vingt hommes manquaient à l'appel, et, sans compter Gratien, plusieurs de ceux qui étaient présents avaient reçu des blessures.

CHAPITRE V.

LA DÉLIVRANCE DE DIJON.

Le colonel Charbonnel, désirant toujours établir des communications entre l'armée des
Vosges et la petite armée de Crémer, qui était
maintenant à la tête d'une division, et opérait
sur la route de Dijon à Beaune, se dirigea vers
les sommets boisés de la côte voisins du village
de Chambeuf. Il y fit reposer sa troupe ; mais il
ne put y rester. L'ennemi allait probablement,
dans la vallée de l'Ouche, se porter vers Autun,
et le général Crémer allait être obligé de se replier au moins jusqu'à Nuits. La compagnie
Camus, en restant en l'air à huit kilomètres de
Dijon, aurait risqué de se faire prendre, elle

devait, d'ailleurs, rallier les autres compagnies de francs-tireurs qui avaient pour rendez-vous Bligny-sur-Ouche ; le colonel permit cependant à Gratien de rester chez sa mère, mais en lui recommandant bien de ne pas se laisser prendre. Un brave médecin de campagne, qui le connaissait depuis longtemps, avait pansé la blessure, et, grâce à la bonne constitution de Gratien, il promettait la guérison en moins de six semaines.

— « C'est bien long, dit Gratien ; mais pourrai-je aller et venir avec mon bras malade ? »

— « Aussitôt que la suppuration sera bien établie, dit le docteur, tu pourras te promener le bras en écharpe ; mais un séton comme cela met longtemps à se cicatriser complètement. »

— « C'est bien, dit Gratien ; eh bien ! colonel, dans quelques jours je pourrai encore vous rendre de petits services, j'irai de temps en temps vous dire ce que j'apprendrai ici. »

— « Très bien, mais ne te fais pas pincer, tu sais qu'ils ne sont pas tendres pour nous. »

— « Ne craignez rien, mon colonel. »

La compagnie partit, saluée par tous les habitants du village.

Gratien resta au logis avec sa mère et Suzanne, il eut peu de fièvre, et ne passa qu'un jour au lit. Au bout de quelques jours, il allait et venait comme le médecin lui avait permis de le faire, et observait ce qui se passait aux environs. Françoise avait repris son commerce de vin de Champagne, qui était très lucratif, elle allait tous les jours à la ville et rapportait des nouvelles que Gratien notait avec soin.

Les jours s'écoulaient, et l'occupation allemande, pareille aux mauvais gouvernements, loin de se consolider, s'affaiblissait par sa durée. Malgré l'échec de l'attaque de Dijon et le désordre qui avait eu lieu pendant la retraite sur Autun, Garibaldi faisait toujours tête à l'ennemi dans cette ville, il avait même repoussé une attaque en faisant éprouver des pertes sensibles à l'ennemi, et maintenant il lançait de nouveau des éclaireurs jusqu'en vue de Dijon. Crémer, avec sa division, s'avançait de Beaune à Nuits, et jusqu'à Gevrey, une nuée d'assaillants invisibles harcelait les Allemands sur les routes, pillait les convois, menaçait de couper à l'ennemi sa ligne de retraite. Les expéditions qui sortaient de la ville, semblables aux sorties d'une troupe assiégée, rentraient avec des succès très légers et des pertes très graves.

Les crêtes boisées dont ce département montagneux est hérissé, pétillaient d'une fusillade incessante ; tous les jours on entendait le canon gronder. Les envahisseurs, envahis à leur tour, se tenaient sur un perpétuel qui vive. Des prises d'armes subites mettaient nuit et jour la ville en émoi. Une nuit, à dix heures du soir, sur une nouvelle apportée à fond de train par des estafettes, dont le galop sonore ébranlait les rues désertes, un mot d'ordre courait de poste en poste, réveillait les soldats endormis,

puis, en moins d'une demi-heure, la garnison
entière, infanterie, cavalerie, artillerie, roulait
avec ses caissons et ses équipages à travers la
ville obscure, par un ciel pluvieux, et allait
camper sur une route stratégique tracée par
elle pour éviter le péril d'une insurrection populaire combinée avec un coup de main du
dehors, qui semblait imminent. Comme tous
les pouvoirs qui se sentent malades, l'ennemi
prenait de l'humeur. Devenu ombrageux et
colère, il molestait l'habitant, il emprisonnait
les curieux inoffensifs, il interdisait la circula-
tion passé neuf heures : le Badois aigri tour-
nait au Prussien (1).

Fatigué de se voir sans cesse harcelé dans
ses mouvements par un ennemi si entrepre-
nant, Werder résolut de sonder une situation
qui chaque jour empirait. Garibaldi restait à
Autun, mais le général Crémer poussait ses
opérations avec activité ; le 3 décembre, il avait
battu le général Keller à Châteauneuf, depuis
ce moment il faisait continuellement de petites
expéditions contre les convois et les corps dé-
tachés, et s'aventurait jusqu'aux portes de Dijon.

Le général allemand espérait d'autant plus
facilement accabler cet audacieux adversaire

(1) Article de M. Aubertin (*Revue des Deux-Mondes*
15 mars 1871).

qu'il le savait réduit à ses seules troupes sans pouvoir recevoir aucun secours.

Le 18 décembre, de très grand matin, Werder en personne sortit de Dijon avec quarante-huit pièces de canon et vingt-quatre mille hommes, et marcha sur Nuits. Il divisa ses troupes en trois colonnes, de manière à attaquer les Français simultanément sur trois points. Dans ce mouvement offensif et convergent, qu'il appelle dans son rapport « une forte reconnaissance, » le général allemand engagea près de quinze mille hommes, les Français en comptaient huit ou neuf mille au plus. La défense de Crémer fut terrible, et s'il n'obtint pas un véritable succès, les Allemands n'avaient pas davantage le droit de se l'attribuer. Un bataillon de mobiles lâcha pied, nous perdîmes cinq cents prisonniers, qui ne tardèrent pas, dit-on, à s'échapper. Le reste de la division française tint ferme ; l'artillerie, habilement manœuvrée, écrasa l'ennemi sur un grand nombre de points. Une charge à la baïonnette, exécutée dans un faubourg de la ville, fut un des incidents heureux et brillants de la bataille. On cite aussi cent cinquante francs-tireurs qui, barricadés dans une ferme voisine, tuèrent six cents Badois. Il fallut deux régiments et quatre pièces de canon pour les réduire. C'est là que fut blessé grièvement le prince Guillaume de Bade. Les Français évacuèrent Nuits, mais les Allemands n'y restèrent pas. Des deux côtés, après le choc, on se replia. Nous avions perdu,

en tués et blessés, environ trois mille hommes :
la perte de l'ennemi était double. Quand on vit
revenir à Dijon les troupes allemandes dont les
bulletins chantaient victoire , ces prétendus
vainqueurs étaient consternés. Dans toutes les
maisons où logeaient des soldats, il manquait
des hommes à l'appel. Les survivants rappor-
taient du champ de bataille une impression
terrible. Par des gestes expressifs, ils essayaient
de peindre à leurs auditeurs le sang versé à
flots , et les cadavres amoncelés dans leurs
rangs. Les rares officiers qui parurent à leur
café le soir étaient mornes et silencieux. Pour
soutenir leurs soldats qui pliaient, ils avaient
dû payer énergiquement de leur personne ; le
feu des Français, embusqué sur les hauteurs
qui dominent la ville, les avait décimés. Il n'y
a jamais eu de victoire aussi lugubre et d'un
aspect aussi peu triomphant (1).

Gratien, malgré sa blessure, n'était pas resté
étranger à ces événements. Son bras en écharpe
ne l'empêchait pas de faire de longues courses
à travers les bois et de recueillir des renseignements précieux. Dans la matinée de la bataille
de Nuits, il avait surveillé la marche d'une colonne ennemie, et avait été envoyé par le maire

(1) Nous empruntons cette description sommaire de
la bataille de Nuits et de ses conséquences à l'article
de M. Aubertin : *Les Allemands en Bourgogne*. (*Revue
des Deux-Mondes*), 15 mars 1871.

de l'Etang-Vergy à Nuits, pour avertir le colonel Poullet, chef d'état-major de Crémer, que l'ennemi se dirigeait par ce village sur Villars-Fonteine et Concœur.

De son côté, Françoise, qui allait tous les jours à Dijon, lui racontait ce qu'elle voyait. Elle fut témoin de la consternation des prétendus vainqueurs. D'après ce qu'il avait vu, il était évident que l'occupation prusso-badoise en Bourgogne se sentait frappée à mort ; ses jours étaient comptés.

Le franc-tireur, en revenant de ses courses, était averti de la présence des Allemands dans le voisinage de la maison, car ils envoyaient quelquefois des colonnes faire des réquisitions dans les villages, Françoise ou Suzanne mettaient à l'endroit convenu un mouchoir rouge ou une lanterne, suivant qu'il faisait jour ou nuit, et lorsqu'il n'avait pas à craindre que le village fût visité par l'ennemi.

Le 27 décembre, à neuf heures du matin, Françoise trouva Dijon dans la joie, il n'y avait plus dans la ville un seul ennemi. On se montrait à 2 kilomètres les dernières colonnes qui s'éloignaient dans la direction de l'Est. Dijon, en s'éveillant, se retrouvait libre et redevenait français. C'était le premier résultat du mouvement stratégique de Bourbaki. Ce mouvement, qui avait pour but de débloquer Belfort et de menacer les communications de l'ennemi avec l'Allemagne, aurait peut-être changé la face des affaires s'il avait été exécuté deux mois plus tôt. Mais entrepris après un grand échec de l'armée de la Loire, avec des troupes en grande partie novices, au milieu d'un hiver terrible, et surtout trop loin des autres armées pour que leurs opérations puissent appuyer cette manœuvre hasardeuse, il devait aboutir à un désastre.

Werder, informé à temps, se déroba au péril d'être enveloppé et pris, il franchit la Saône, grâce à une avance de trente-six heures au plus, évacua rapidement Gray, Vesoul, Villersexel, et ne s'arrêta, comme on sait, qu'à Héricourt.

Nous n'avons pas l'intention de raconter ce dernier épisode de cette terrible guerre, ne nous éloignons pas de Dijon pour ne pas perdre de vue nos héros.

L'avenir échappait aux habitants de cette malheureuse ville, ils étaient tout entiers au présent et à la délivrance. Pour eux, la scène allait brusquement changer. Tenue au secret depuis deux mois par trente mille Allemands, la ville allait retentir pendant plusieurs semaines du défilé de cent mille Français ou Italiens.

Des présages favorables annonçaient à chaque instant l'armée française ; d'abord on vit arriver des campagnards accourant en famille sur leurs charrettes, ou de lourdes pataches, des omnibus rustiques, venus des arrondissements voisins pour renouer avec la ville des relations longtemps interrompues ; les bourgeois de Dijon faisaient fête à ces messagers de délivrance, à ces hirondelles de liberté. — Vers midi, le clairon se fit entendre, il précédait les francs-tireurs.

L'agile garnison de la montagne avait aperçu du milieu de ses fourrés le départ précipité et la longue traînée de l'armée badoise couvrant les routes de l'Est. Aussitôt ces guetteurs infatigables, nuit et jour à l'affût des défaillances de l'ennemi, ces loups de la forêt, nourris de frimas, guidés par l'instinct infaillible de la haine, tous ces rusés et ces intrépides qui avaient semé de cadavres allemands les défilés de la Bourgogne, et rougi du sang de l'envahisseur les neiges de décembre, descendirent en foule des hauteurs voisines, et vinrent, pour quelques heures du moins, se ravitailler et se réconforter dans la ville. Ils accouraient de tous les points de l'horizon, de tous les bois du département : ours de Nantes et des Pyrénées, chasseurs de l'Isère, de la Drôme et de l'Ardèche, tirailleurs républicains, volontaires du Rhône et de l'Allier, éclaireurs marseillais, fédérés de la mort, les contrastes les plus frappants du costume, de l'âge, de la taille, du pays, du drapeau, de l'opinion, s'y trouvaient représentés. Françoise, Gratien et Suzanne étaient accourus de leur village pour assister à cette fête de la délivrance de Dijon. ils regardaient ce défilé, et Gratien saluait du geste les compagnies à côté desquelles il avait combattu. La brave compagnie du capitaine Camus parut enfin, le colonel Charbonnel marchait avec cette troupe de prédilection, composée de ses compatriotes. C'était lui qui, par un ascendant accepté bien plus que par son titre, maintenait un certain ordre et une apparence d'unité dans ces bataillons disparates, dans cet ensemble plein de vie mais incohérent. Gratien, Françoise et Suzanne se précipitèrent vers lui.

— « Ah ! monsieur Charbonnel, vous voilà enfin, nous avions peur que vous fussiez mort.»

— « Mais non, mère Françoise, je me porte toujours assez bien, comme vous voyez ; et mon brave Gratien, comment va ce bras ? »

— « Merci, mon colonel, je ne tarderai pas à reprendre le fusil. »

On se serra les mains, et ce fut pendant un certain temps un échange de renseignements sur les événements observés dans la ville pendant les derniers temps de l'occupation allemande, et de récits des travaux de la compagnie, des combats auxquels elle avait assisté et des pertes qu'elle avait faites.

Pendant plusieurs jours les Dijonnais, enchantés, venaient assister au défilé des troupes françaises qui envahissaient leur ville à leur tour. Les bataillons se succédaient du matin au soir sur la place semi-circulaire qui fait face au vieux Palais-des-Ducs. La curiosité sympathique des habitants les y passait en revue. La campagne d'hiver les avait moins éprouvés qu'on ne pouvait le craindre. Ce qui dominait, au contraire, dans ce mouvant panorama militaire, c'était la vigueur, la santé, la bonne mine. Tout respirait l'ardeur et la résolution sur ces visages hâlés par le bivac et fouettés par la bise. Bien armés, suffisamment équipés, beaux à voir sous les armes avec leur tournure martiale, avec leur vive et alerte façon à manier la luisante carabine, ils avaient déjà quelque chose de l'aplomb des vieilles bandes.

Le repos des francs-tireurs à Dijon n'était qu'une halte. A peine avaient-il respiré dans la ville un air plus doux, que Charbonnel les lançait à l'Est comme Enfants-Perdus de Bourbaki.

Moins de quarante-huit heures après le départ de Werder, le général Crémer faisait son entrée avec douze mille hommes d'infanterie et quarante-deux pièces de canon.

La ville fut ainsi traversée par une grande partie de cette armée de Bourbaki, sur laquelle la nation comptait pour rétablir la fortune et dégager, par une diversion puissante, l'armée de Chanzy et celle de Faidherbe, toutes les deux harcelées par un ennemi supérieur. Cette tentative sur les communications de l'armée allemande était, en quelque sorte, le suprême effort de la France ; les effets qu'on pouvait en attendre frappaient d'une manière saisissante es esprits les plus simples. On voyait déjà l'armée d'investissement de Paris, à la nouvelle de la délivrance de Belfort et de l'interruption de ses communications avec sa base de ravitaillement, obligée de lâcher prise et de reculer, poursuivie par Faidherbe et Chanzy, renforcés

de trofs cent mille Parisiens, pendant que Bourbaki, lançant des troupes dans le duché de
Bade, y porterait la terreur et attendrait sur le
Rhin l'ennemi pris entre deux feux. Hélas ! ces
illusions devaient tomber bien vite ; la célérité
et la précision nécessaires pour donner à ce
grand mouvement quelques chances de succès
étaient probablement impossibles à des troupes
novices, sans cohésion, à une armée à laquelle
les moyens de transport et de ravitaillement
manquaient plus que le courage. Une diversion
dans l'Est, c'était peut-être le salut, si cet effort avait pu être tenté avant la chute de Metz,
et peut-être n'était-il pas impossible, si la délé-
gation de Tours n'avait perdu un temps précieux jusqu'à l'arrivée de Gambetta, si Lyon,
au lieu de se livrer à de misérables manifesta-
tions en faveur du drapeau rouge, avait compris son rôle de seconde ville de France, et pris,
dès le mois de septembre, l'initiative de la pré-
paration d'une véritable armée de l'Est. Besan-
çon, Dijon pouvaient fournir des bases d'opérations bien supérieures à Orléans. Langres,
Belfort devenaient les premiers objectifs, et si
l'on était parvenu à faire entendre à Metz le
bruit du canon avant le 27 octobre, il est probable que la délivrance d'une armée de plus de
cent mille braves aurait été le prix d'une série
de combats. Hélas ! qui n'a, pendant les mois
de septembre et d'octobre, caressé de semblables hypothèses ? qui n'a maudit ceux dont la
coupable inertie, ou dont les agitations encore

plus coupables, ont rendu impossible cette célérité de nos forces abattues, qui était notre seule chance de succès. Au moment où elle a été entreprise, la campagne de l'Est était un effort désespéré qui avait bien peu de chance de réussir. L'armée de la Loire, depuis le désastre du 2 décembre, battait en retraite et n'était soutenue que par l'énergie et l'admirable activité de son chef (1). Faidherbe, tenace et dévoué, ne pouvait occuper dans le Nord qu'un nombre d'ennemis en rapport avec l'effectif de sa petite armée. L'ennemi pouvait détacher de l'armée qui bloquait Paris des forces importantes sans cesser d'être en forces supérieures partout, et l'armée de l'Est opérait à de trop grandes distances des autres armées de la France pour que les efforts puissent se combiner.

Cependant les premières nouvelles qu'on reçut de l'armée de l'Est semblèrent confirmer les grandes espérances de ceux qui croyaient au succès de cette campagne. Les soldats de Bourbaki s'avançaient péniblement à travers la neige vers Belfort, qui résistait toujours : les premiers combats furent des victoires. La bataille de Villersexel, 9 janvier, fut un succès pour nos armes. Les Dijonnais, qui avaient souvent éprouvé la mauvaise foi des bulletins allemands, n'hésitèrent pas à accepter avec empressement, comme d'encourageantes véri-

(1) Le général Chanzy.

tés, les dépêches du brave Bourbaki, malgré les assertions contraires de Werder.

Bientôt on apprit que Montbéliard était à nous, sauf l'ancienne citadelle, dans laquelle un détachement allemand avait été forcé de se renfermer.

Le 17, on reçut la nouvelle qu'une furieuse attaque venait d'avoir lieu contre Héricourt ; les défenseurs de Belfort entendaient notre canon, ils voyaient même, sur les hauteurs, la fumée de nos batteries, et prenaient pour ainsi dire part à la bataille. Mais bientôt cette progression dans le succès sembla s'arrêter ; et, en effet, Bourbaki ayant appris, le soir du 18 janvier, que l'avant-garde du général Bressolles venait d'être battue, voyant son armée plier sous des souffrances de toutes sortes autant que sous l'effort des soldats de Werder, se sentant menacé sur son flanc par Manteuffel, qui accourait prêter main-forte à son collègue, Bourbaki ordonnait la retraite, cette terrible retraite dont il prévoyait le sombre dénouement.

Mais, à ce moment, Dijon ne tarda pas à être distrait de l'intérêt poignant de ce drame par le soin de sa propre défense.

Le matin du 21 janvier, l'état-major de Garibaldi était prévenu de la marche de deux fortes colonnes allemandes sur Dijon.

Le vieux condottieri à qui était confiée la garde de Dijon avait avec lui dix ou quinze mille hommes environ, et il a dit lui-même qu'il était loin de pouvoir compter sur tout son monde.

Il n'entre pas dans le plan de cet ouvrage d'apprécier le vieux chef de partisans italiens. Comme tous les bons Français, nous avons été blessés dans notre sentiment national lorsque nous avons vu confier à cet étranger le commandement de cette armée des Vosges, un des premiers noyaux de forces organisées après le désastre de Sedan. C'est une des nombreuses fautes du gouvernement de Tours que d'avoir fêté comme un libérateur cet homme qui se vante d'avoir fait de la révolution sa carrière, et qui croit rendre hommage à la liberté en insultant grossièrement le chef de la religion de son pays et de la France. Mais puisque c'est à Garibaldi qu'est échu l'honneur de la défense de Dijon, n'hésitons pas à lui accorder le mérite de l'avoir bien défendu ; c'est du moins le sentiment populaire qui est resté aux Dijonnais du spectacle des événements dont ils ont été témoins à cette époque. La bataille dura trois jours (21, 22, 23 janvier); dans la journée du 23 les troupes garibaldiennes, renforcées des mobiles de la Haute-Savoie, résistèrent à l'ennemi qui venait de recevoir du renfort et attaquait Dijon non plus du côté de Talent, comme le premier jour, mais du côté de Fontaine. Le château de Pouilly, qui fut, dans cette bataille, pris et repris trois fois, marque le point central de la lutte. Ce fut là, dit-on, qu'un officier de francs-tireurs, arrosé de pétrole, fut brûlé vif par les Poméraniens. Les Allemands perdirent là un drapeau, celui du 61e régiment (8e Poméranien), qu'on retrouva sous un tas de cadavres, la hampe brisée par un éclat d'obus, à côté du sixième porte-enseigne tué pendant la journée (1).

Les Allemands abandonnèrent le terrain couvert de leurs morts.

Cette attaque de Dijon ne fut-elle, comme l'ont dit les Allemands, qu'une feinte destinée à donner le change à Garibaldi, à l'empêcher de s'opposer à la marche des troupes que Manteuffel envoyait à Werder. Les Troupes de Keller repoussées devant Dijon, n'étaient-elles qu'un rideau? comme on dit en termes militaires. Nous laissons à d'autres le soin d'apprécier ce côté des combinaisons de l'état-major allemand, disons seulement que le nombre des troupes engagées dans l'attaque, la rage de l'ennemi, qui, en se retirant, fusilla des paysans et des ambulanciers, témoignent que Garibaldi avait affaire au moins à une sérieuse diversion, et qu'il a fait sans doute tout ce qu'on pouvait faire.

(1) *Histoire de la Révolution de 1870-1871*, par M. Claretie.

CHAPITRE VI.

L'AUMONIER.

Pendant ces sanglantes journées, notre ami Gratien n'était pas resté inactif ; malgré sa blessure il arpentait dans toutes les directions les environs de Dijon, et si l'armée des Vosges se borna à défendre Dijon, si elle ne put empêcher la marche des renforts que Manteuffel envoyait incessamment à Werder, si elle ne put ni faire une diversion utile en faveur du malheureux Bourbaki, ni même protéger et activer les arrivages de subsistances si nécessaires à l'armée de l'Est, rien de tout cela ne fut la faute de l'élève favori de Charbonnel, qui se multipliait pour éclairer l'état-major Garibaldien et recueillir des renseignements sur la marche de l'ennemi.

Après la journée du 23, soit que les Prussiens fussent épuisés par la lutte, soit qu'ils aient obtenu l'effet qu'ils désiraient de cette diversion, ils ne renouvelèrent plus leurs attaques contre Dijon. Les avant-postes français comptaient à quelques centaines de mètres des avant-postes ennemis ; il n'y avait plus même une escarmouche pendant cette suspension des hostilités autour de Dijon. Les bruits lointains recommencèrent à arriver au chef-lieu de la Côte-d'Or.

Retournons à la petite maison de Chambœuf pour y retrouver nos amis, recueillir avec eux les détails qu'ils apprenaient sur les événements et partager leurs émotions.

Le 28 janvier, Françoise Migeon travaillait, le soir, à son ménage avec Suzanne ; l'hiver était encore dans toute sa rigueur : la neige couvrait la terre, la nuit tombait. Françoise n'avait pu ce jour-là aller à la ville, tant les chemins étaient mauvais ; depuis deux jours elle n'avait pas de nouvelles de Gratien, qui, depuis les derniers combats, était resté à la ville pour continuer ses excursions d'éclaireur volontaire et savoir des nouvelles. Les deux femmes inquiètes, avaient souvent dans la journée tourné leurs regards vers la ville ; mais l'atmosphère brumeuse ne leur permettait même pas d'interroger l'horizon. Tout se taisait au loin ; il semblait que la nature eut enfin imposé le calme aux armées ennemies, et que l'hiver fût parvenu à engourdir la fureur des combats

— « Ah ! Suzanne, dit enfin Françoise, il ne viendra pas encore ce soir, et cependant voilà plus de quatre jours qu'on ne se bat plus autour de Dijon ; il devrait bien venir nous voir et se reposer un peu ; que lui sert d'avoir un congé de convalescence pour sa blessure, s'il passe son temps à courir le pays par un temps pareil ? »

— « Ne vous désolez pas, mère Françoise, dit Suzanne, j'ai dans l'idée qu'il viendra ce soir ; vous savez qu'il rôde tout le jour pour ne pas perdre son temps, comme il dit, et chercher quelques renseignements sur les positions de l'ennemi, et quoique nous soyons du côté où les Allemands viennent le moins, il aime mieux, pour venir aussi loin de la ville que nous sommes, attendre que la nuit soit venue ; il connaît si bien les chemins par ici, qu'il se dirige la nuit comme en plein jour, et la neige ne lui fait pas peur. »

— « Que le bon Dieu t'entende, ma fille ! Tiens, on n'y voit plus ; avant d'allumer la lumière, et pour l'attendre encore avant de nous mettre à souper, disons notre chapelet, prions la sainte Vierge pour notre pauvre garçon et pour tous ceux qui souffrent comme lui et nous de cette horrible guerre. »

Les deux femmes se mirent en prière, et pendant quelque temps leurs voix, formant une sorte d'accompagnement monotone au bruit de la rafale, répétèrent alternativement la salutation de l'ange à la mère de Dieu et l'oraison que le Christ apprit à ses disciples comme modèle de la prière chrétienne.

La dernière dizaine n'était pas achevé, que l'on entendit à la porte le bruit que faisait un voyageur secouant ses pieds chargés de neige au même instant la porte s'ouvrit, et malgré l'obscurité les deux femmes s'élancèrent vers le nouvel arrivant, qu'elles avaient reconnu toutes les deux.

— « Enfin, c'est toi ! s'écria la mère en serrant son fils dans ses bras, tandis que Suzanne le débarrassait de son bâton et de son chapeau en lui adressant aussi des questions qui montraient qu'elle partageait l'inquiétude de la mère.

— « Oui, c'est moi, mère, et vraiment je ne suis pas fâché d'arriver ; quel chien de temps ! Je voulais bien venir vous voir plus tôt, mais que voulez-vous, les Prussiens sont toujours de l'autre côté de la ville, et je pensais qu'il y aurait encore quelque chose. Je ne puis pas faire le coup de feu ; mais puisque je n'ai pas les jambes malades, j'en profite pour chercher à voir, pour aller aux nouvelles et apprendre où nous en sommes, si c'est possible. »

— « Allons, chauffe-toi pendant que nous allons apprêter le souper, et dis-nous ce qui se passe si tu en sais quelque chose. »

— « On ne se bat plus par ici, nous le voyons bien, dit Suzanne ; mais là-bas, du côté de Belfort, continuons-nous à avancer, et Paris a-t-il fait sa grande sortie ? »

— « Ah ! je crois que c'est le commencement

de la fin. Paris est toujours bombardé ; il y
bien eu une grande sortie le 17, le 18 et le 19
janvier ; il paraît qu'on s'est bien battu, particulièrement à Montretout et à Buzenval, mais
on n'a pu faire la trouée ; et ce qui fait croire
que les Parisiens ne feront plus rien de bon,
c'est qu'ils se sont tiré des coups de fu-il le 22
sur la place de l'Hôtel-de-ville. Enfin, on parle
d'armistice ; il y a une dépêche de Bordeaux
qui parle de cette nouvelle donnée par des jour-
naux anglais et qui la dément ; mais il n'y
a pas de fumée sans feu. »

— « Quant à Bourbaki, on sait maintenant
qu'il est en retraite depuis le 18, et comme le
général Faidherbe a été obligé de faire retraite
jusqu'auprès de Lille, Manteuffel a envoyé beaucoup de renforts dans l'Est. Tous ces jours derniers il en est passé à Flavigny, à Verrey, à
Saint-Seine, à Is-sur-Tille, à Mirabeau, tout
cela s'en allait du côté d'Auxonne et de Dole ;
évidemment ils veulent gagner Bourbaki de vi-
tesse et l'acculer entre eux et la Suisse ; du
reste, peut-être bien que la débâcle commence
de ce côté encore ; car le bruit court que le général Bourbaki s'est brûlé la cervelle de désespoir. »

— « Ah ! mon Dieu ! c'est donc fini ! s'écria
Françoise »

Gratien ne répondait pas. Assis sur un esca-
beau au coin de l'âtre, le front dans la main, il
fumait en regardant machinalement les tisons ;
deux larmes roulaient sur ses joues. Sa mère,

les bras pendants et les mains jointes, le regardait.

— « Si du moins Garibaldi avait pu retarder tout ce défilé d'Allemands au nord et à l'est de Dijon, et faire une pointe sur eux pour les couper, au lieu de faire des proclamations dans la ville. Il valait mieux abandonner Dijon et aller les harceler en les suivants vers Dole.»

— « Abandonner Dijon ? »

— « Eh ! oui ; Dijon a déjà vu les Allemands; on n'en meurt pas, et avant tout, il fallait sauver cette grande armée de l'Est, notre dernière ressource. J'ai peur que nous allons apprendre encore quelque grand désastre comme celui de Sedan. »

— « Allons, allons, M. Gratien, et vous, mère Françoise, ne voyez pas tout en noir ; confions-nous à la miséricorde de Dieu, et puis il faut bien manger, voilà le souper qui froidit. »

— « Ah ! je n'ai pas faim, dit Gratien ; je ne sais pas ce que j'ai ce soir, je suis là au coin du feu et j'ai toujours froid. Je ne puis même plus fumer. Allons donc ! » dit-il en se levant et en brisant sa pipe sur la dalle du foyer.

— « Gratien, mon fils, tu es malade. » dit sa mère en s'avançant vers le jeune homme qui chancelait en s'appuyant à la table.

— « Ce n'est rien ; ma blessure sans doute qui s'est mal trouvée du froid et de la fatigue ; mon bras brûle. »

En un instant les deux femmes s'empressèrent; le pansement fut défait. Le bras était gonflé, la peau, rouge et luisante, formait un bourrelet autour de la blessure.

Françoise fit coucher son fils pendant que Suzanne préparait un cataplasme, et bientôt le franc-tireur se sentit mieux, et après s'être réconforté par quelques aliments il s'endormit.

Françoise et sa servante veillèrent et prièrent longtemps auprès de lui, mais elles purent, vers la fin de la nuit, se livrer aussi au sommeil.

Le lendemain, les nouvelles qu'avait porté Gratien se répandirent dans le village ; les bruits qui arrivaient du dehors les confirmaient.

Vers midi, un jeune prêtre, portant au bras la croix rouge de la société internationale de Genève, et marchant péniblement en s'aidant d'un bâton, arrivait à Chambeuf. C'était l'abbé Leblanc, vicaire de la paroisse de Saint-Victor, très connu des habitants du village, qui l'avaient vu partir pour faire le service des ambulances. Des bruits sinistres avaient couru sur le jeune prêtre : ont disait qu'il avait été tué ; chacun s'empressait autour de lui ; mais après avoir rapidement 'répondu aux compliments et aux félicitations des villageois, il se dirigea vers la maison de Françoise.

— « Comment, vous ici, monsieur Leblanc? » dit la paysanne, « ah ! je suis heureuse de vous voir ! on nous avait dit que vous étiez tombé sur le champ de bataille dans la journée du 23, et je vous avoue que nous avions peur que vous fussiez mort. »

— « C'est vrai, M. l'abbé, dit Gratien, je vous ai vu tomber, et j'ai même servi d'aide au chirurgien qui vous a pansé à votre ambulance. Vous étiez évanoui, et le trou de la balle était si près du cœur, que je croyais bien que vous n'en reviendriez pas. »

— « Eh bien ! mon ami, vous vous trompiez. » dit le jeune prêtre. « Le lendemain j'étais assez bien pour être évacué sur l'hôpital de Dijon, et là on a reconnu que la balle avait contourné une côte, on l'a extraite, et au lieu d'avoir la poitrine traversée, je n'ai, comme a dit le docteur, qu'un selon, c'est-à-dire un petit canal sous la peau réunissant l'ouverture d'entrée de la balle avec celle qu'on a faite pour l'extraire. Je ne souffre pas trop maintenant, et j'ai demandé à venir me soigner à Saint-Victor. J'ai profité d'une carriole qui m'a mené jusqu'au bas de la côte ; mais je tenais à m'arrêter ici, j'ai à vous parler. »

— « De quoi s'agit-il, monsieur l'abbé ? »

— « Ce que j'ai à vous dire est important pour vous, pour votre sûreté, dit le prêtre en jetant un regard sur les deux femmes. »

— « S'il s'agit de ma sûreté, ma mère peut entendre et Suzanne aussi, ajouta Gratien tendant la main à la jeune fille, j'ai autant de confiance en elle que si elle était ma sœur. »

— « Fort bien, » dit l'abbé, « eh bien ! voici ce que j'avais à vous dire : J'étais, comme je vous l'ai dit, à l'hôpital de Dijon, où je commençais à me remettre ; et ce matin je causais avec d'autres malades des événements, et particulièrement des bruits d'armistice... »

— « Comment, il y a un armistice ?»

— « Oui ; mais laissez-moi continuer. Je causais donc des bruits divers qui nous arrivaient, lorsque nous vîmes entrer dans la salle deux médecins allemands en compagnie du directeur de l'hôpital et du docteur Morin, qui fait le service de notre salle. »

— « Combien de lits ici, cher confrère ?» dit un des médecins allemands.

— « Soixante, Monsieur, » répondit le docteur.

— « Eh bien ! il faut que tout soit évacué demain ; nous avons largement de quoi remplir votre hôpital avec nos blessés, et après demain, comme vous savez, votre ville sera occupée. »

— « Tous les blessés transportables seront évacués, Monsieur ; mais j'ai quelques amputés qui ont encore la fièvre traumatique ; ils resteront dans leur lit, bien entendu, jusqu'à ce que leur état permette de les transporter. Les autres laisseront volontiers la place aux Allemands. »

— « Tous partiront, dit l'Allemand ; si je trouve un Français dans un des lits de l'hôpital, je le fais porter au milieu de la rue. »

— « Vraiment, Monsieur, vous feriez cela ? » dit M. Morin, « et vous vous dites médecin ?»

— « Oui, Monsieur, docteur de la faculté de Heildelberg, qui vaut celle de Paris, ne vous déplaise. »

— « Je connais la science des Allemands, dit le docteur en regardant en face son interlocuteur, mais je ne connaissais pas la manière dont les médecins allemands entendent les devoirs de leurs profession. ?

— « Que voulez-vous dire ? »

— « Je veux dire que j'essaierai de trouver dans votre état-major une autorité qui comprenne mieux que vous les lois de l'humanité,» dit le docteur en tournant les talons.

— « Monsieur le directeur, » dit l'Allemand, « c'est vous qui êtes responsable de l'exécution de la mesure que j'ordonne ; et puisqu'il est question d'humanité, je vous conseille, s'il y a parmi vos blessés quelques franc-tireurs, de les faire partir les premiers ; il serait mauvais pour eux d'être rencontrés soit dans l'hôpital, soit dans la ville, par des hommes de notre avant-garde. Pour ma part, si j'en rencontre quelqu'un, je les livre à l'autorité militaire. »

— « Voilà, mon cher Migeon, ce que j'ai entendu, et immédiatement j'ai pensé à vous. J'ai pris des renseignements, et j'ai appris que les Allemands arrivaient à Dijon avec une exaspération terrible contre les francs-tireurs. Ils vont, disent-ils, leur donner la chasse et les dépister dans tous les environs. Pour eux ce ne sont pas des soldats ; le moindre lieutenant aura le droit de faire passer par les armes tout franc-tireur qu'il parviendra à découvrir, et même toute personne qui lui aura donné asile. Quand j'ai appris cela, je me suis dit que vous n'étiez pas en sûreté à Chambeuf, j'ai demandé un congé de convalescence, quoique je ne sois pas guéri ; mais les pansements qu'exige ma blessure sont très simples ; le docteur m'a laissé partir pour Saint-Victor, et je suis passé ici pour vous avertir. »

— « Grand merci, monsieur l'abbé ; je reconnais bien là votre admirable charité. Blessé vous-même et ayant besoin de soins et de repos, vous pensez aux autres, et vous vous mettez en route par cet affreux temps pour lui porter secours. Je reconnais bien là le prêtre que j'ai vu sur le champ de bataille affronter les balles pour porter aux blessés les consolations de la religion et les secours de la charité chrétienne, et ne s'arrêter que lorsqu'il est tombé lui-même atteint d'une balle ennemie. Je ne puis, pour vous prouver ma reconnaissance, que dire ce que j'ai vu, et je le dirai ; Dieu seul vous récompensera. »

— « Allons, mon ami, ne vous animez pas ainsi ; si nous avons, vous et moi, fait notre devoir, c'est que le bon Dieu nous y a aidés. »

— « Mais, monsieur l'abbé, dans ce que vous me dites il y a des choses qui m'étonnent bien. Dijon va donc être occupée par les Allemands ; on ne s'est pourtant pas battu depuis le 23 ? Et ces bruits d'armistice se confirment-ils ? »

— « Voilà, mon cher Gratien ce que je sais. Le gouvernement de Bordeaux a reçu la nouvelle d'un armistice conclu à Paris. Paris s'est rendu. Les Prussiens occupent les forts. »

— « Ah ! mon Dieu ! alors c'est fini ? s'écrièrent les deux femmes. »

— « Ecoutez encore. Le gouvernement a écrit à tous les chefs de corps de suspendre les hostilités et de faire respecter l'armistice. On a envoyé l'ordre partout ; mais autour de Dijon les Allemands ont continué à occuper de nouvelles positions pendant que nous ne bougions pas ; et lorsque Garibaldi a fait demander des explications, on lui a dit que d'après un paragraphe de l'armistice les opérations continuaient dans le département de la Côte-d'Or et contre l'armée de l'Est, malgré l'armistice. »

— « Comment ! dit Gratien, mais c'est une trahison ! »

— « C'est au moins une nouvelle perfidie allemande et une lourde faute de nos gouvernants. De sorte que Garibaldi, après avoir repoussé l'attaque des Prussiens, est obligé de leur abandonner Dijon et de se porter, trop tard peut-être, au secours de l'armée de l'Est. »

— « Et Bourbaki ? »

— « Bourbaki n'est pas mort ; mais il est très vrai qu'il a voulu se tuer d'un coup de pistolet : il a remis son commandement au général Clinchant. Ce coup de désespoir fait craindre que son armée ne soit perdue. C'est peut-être, à l'heure qu'il est, un nouveau Sedan ou le passage de l'armée en Suisse et son désarmement. »

— « Eh bien ! monsieur l'abbé, dit Gratien

en laisssant tomber sa tête contre sa poitrine, je crois que nous ne devons nous féliciter ni l'un ni l'autre de n'être pas morts. Quant à moi, je regrette de n'avoir pu faire ma dernière prière couché au pied d'un arbre avec une balle dans la poitrine avant d'entendre ce que vous me dites. »

— « Allons, mon ami, du courage, respectons la volonté de Dieu ; il éprouve notre malheureuse France, mais il ne veut pas qu'elle périsse. Le présent est affreux, mais un chrétien doit toujours espérer. Vous avez de la religion, mon cher Migeon, vous savez qu'il est défendu de désirer la mort pour échapper aux douleurs et aux devoirs de cette vie. Je viens justement pour vous avertir que vous avez à pourvoir à votre sûreté. Je vous l'ai dit, ici vous êtes en péril, il faut partir. »

— « Eh ! monsieur l'abbé, que nous dites-vous ? dit Françoise ; il ne peut pas partir ; si vous le trouvez au lit, c'est qu'il nous est arrivé bien malade : il a eu de grands frissons hier au soir et la fièvre toute la nuit. Il est mieux aujourd'hui ; mais s'il se remet à courir les champs par un temps pareil ?... »

— « Ah ! c'est qu'il y a urgence. Voyons où nous en sommes ; vous savez que je suis devenu un peu médecin dans les ambulances, qu'éprouvez-vous ? »

— « C'est ma blessure du bras qui travaille, monsieur l'abbé ; depuis qu'on m'a mis un cataplasme je me sens mieux. »

— « Voyons cela. »

Et le bon abbé Leblanc se mit à défaire le pansement avec la dextérité d'un interne des hôpitaux. Il palpa un moment le bras du malade en l'examinant avec attention.

— « Allons, allons, le cas n'est pas grave et ne dépasse pas les limites de ma science ; je vois ce que c'est : vous avez un abcès qui doit vous tourmenter depuis plusieurs jours ; la fièvre d'hier est une phase normale de la maladie. Vous n'avez pas peur d'un coup de bistouri ? »

— « Quand on est exposé à recevoir des coups de lance ou de baïonnette, l'expérience d'un coup de pointe est utile à acquérir. »

L'abbé avait tiré de sa poche une trousse de chirurgien et commandé quelques préparatifs aux deux femmes.

La petite opération, pratiquée avec dextérité, soulagea immédiatement le malade, qui remercia l'abbé avec effusion, disant qu'il voyait bien que tout son mal venait de là, et qu'il lui semblait qu'il allait pouvoir se remettre sur pieds.

— « C'est dans le but de vous mettre sur pieds le plus tôt possible, » dit l'abbé, « que j'ai pris sur moi de faire le chirurgien, parce qu'il est très important que vous ne tardiez pas à vous mettre en route ; cependant, ne faisons pas d'imprudence et traçons notre plan de conduite. »

— « Vous allez vous reposer encore aujourd'hui et jusqu'à demain ; votre mère et

Suzanne, qui ont veillé la nuit dernière, iront se
reposer. J'ai aussi besoin de repos, mais je me
reposerai très bien auprès de vous sur une couche improvisée, un peu de paille et mon man-
teau feront l'affaire. Les Prussiens entrent à
Dijon ce soir, ils ne viendront pas sans doute
de ce côté dès demain. Or, demain matin je
vous fais un pansement, et nous partons pour
Saint-Victor, où M. le curé vous fournira le
moyen d'aller plus loin. »

LE GÉNÉRAL BOURBAKI,
Commandant en chef de l'armée de l'Est.

CHAPITRE VII.

FRANÇAISE ET MÈRE.

Les choses se passèrent comme l'abbé l'avait prescrit.

Le malade eut pendant toute la nuit un sommeil très calme, et le jeune prêtre lui ayant demandé vers le matin comment il se trouvait :

— « Je sens, dit Gratien, que je pourrai très bien marcher pourvu qu'on me donne à manger, car j'ai grand faim. »

— « Eh bien ! mon ami, ne tardons pas, mettons-nous en route avant qu'il fasse grand jour ; je crains que l'ennemi ne lance dès le matin des uhlans dans la campagne. »

Franc-Tireur.

Gratien frappa au plancher avec un bâton qui était près de son lit, et bientôt les deux femmes descendirent.

Un bouillon dont une vieille poule avait fait les frais dès la veille et une goutte de vin réconfortèrent le malade, qui se leva, et l'abbé l'ayant fait asseoir sur une chaise procéda au pansement.

Le jour commençait à poindre, et l'abbé Leblanc remettait en ordre les instruments de sa trousse ; Gratien mettait sa blouse avec l'aide de sa mère, lorsqu'on entendit aboyer les chiens du village, il se faisait un bruit de portes et de fenêtres qui s'ouvraient aux maisons voisines. En même temps Suzanne, qui était sortie pour quelques soins de ménage, rentra précipitamment. L'effroi était peint sur son visage, et d'une voix tremblante elle s'écria : « Gratien, partez, les Prussiens ! ils sont devant la mairie. »

— « Pars, dit Françoise en poussant son fils vers la porte du jardin. Ah ! monsieur l'abbé, partez avec lui ! »

— « Et Suzanne, mère, tu sais que tu m'as promis qu'elle ne resterait pas ici si les Prussiens y venaient. »

— « Suzanne, partez avec lui, dit l'abbé, vous le soutiendrez s'il est nécessaire, vous l'aiderez à marcher plus vite jusqu'à ce qu'il soit hors de danger. Mon costume noir, tranchant sur la neige, attirerait sur nous l'attention. A cette heure, un prêtre accompagnant un blessé dans la campagne, cela serait suspect ; la croix de Genève même qui me protége compromettrait celui que j'accompagnerais en provoquant des explications. Partez. Allez chez le curé de Saint-Victor, Suzanne reviendra nous dire si Gratien est en sûreté. »

Gratien et la jeune paysanne embrassèrent Françoise, serrèrent les mains de l'abbé et sortirent par le jardin.

Le prêtre et la pauvre mère regardaient encore par la fenêtre un bouquet de bois derrière lequel ils avaient disparu, lorsque des coups terribles retentirent à la porte du côté de la petite place du village, dont Suzanne en rentrant avait poussé le verrou.

Françoise ouvrit la porte et se trouva en présence d'un officier prussien derrière lequel était un peloton de soldats.

— « Au nom de Sa Majesté Guillaume Ier empereur d'Allemagne, dit l'officier, je vous somme de me livrer à l'instant Gratien Migeon, soi-disant franc-tireur, en réalité espion de guerre et assassin des soldats de Sa Majesté. »

— « Mon fils est soldat, dit Françoise en s'avançant vers l'officier, et il a fait son devoir en honnête homme et en chrétien. »

— « Ah ! ah ! vous êtes la mère de Migeon, Françoise Migeon, n'est-ce pas ! » dit l'officier.

— « Oui, je suis Françoise Migeon, » dit la paysanne.

— « Bien ! j'ai aussi des notes sur vous ; vous

êtes prisonnière, et vous allez nous livrer votre fils. »

— « Mon fils n'est pas ici, il a suivi les troupes françaises lorsqu'elles ont évacué Dijon. »

— « Oh ! la mère, nous savons que vous êtes habile à mentir ; mais vous n'avez plus affaire à des Badois ; ce n'est pas au lieutenant Schnakembourg, du 2e poméranien, que vous vendriez de la piquette pour du champagne. Qu'est ce que c'est que ce lit sur lequel on voit encore l'empreinte de celui qui y a couché, et ces pièces de pansement que je vois à terre? Sergent, faites fouiller la maison ; l'oiseau a déniché précipitamment, et il n'est pas loin. »

— « Monsieur, dit le prêtre, je suis blessé aussi ; cette brave femme m'a donné l'hospitalité cette nuit, les traces que vous voyez... »

— « Monsieur l'abbé, dit l'officier, ne vous mêlez pas de mentir aussi, cela ne convient pas à votre robe, et si vous essayez de nous dérober un coupable, le signe même de la convention de Genève que vous portez au bras ne vous garantirait pas de la punition des traîtres. Vous nous répondez aussi corps pour corps du coupable que nous cherchons. »

— « C'est bien, monsieur, en ce cas je serais en effet un traître si je disais la moindre chose qui pût empêcher un soldat français d'échapper à votre brutale vengeance. Cherchez comme ous l'entendrez. »

— « Oui, oui, vous allez voir que nous trouvons quand nous cherchons. »

A ce moment, le sergent rentra après avoir fouillé la maison et exploré le voisinage.

— « Her lieutenant, dit-il en portant la main à son casque, le franc-tireur s'est sauvé par le jardin, la porte est ouverte et on voit sur la neige des traces de pas que l'on pourrait suivre. »

— « Non, non, dit le her lieutenant ; nous sommes déjà assez loin des avant-postes, avec ces francs-tireurs il ne faut pas s'aventurer. Si j'envoyais quatre hommes, savoir combien il en reviendrait, et le prisonnier leur échapperait. J'ai un meilleur moyen. » Et, se tournant vers la pauvre mère, qui n'avait pu pendant ce colloque dissimuler complétement son anxiété :

« Françoise Migeon, lui dit-il avec une voix dont l'impassibilité rendait encore plus effrayante l'expression cruelle du regard qu'il attachait sur la paysanne, vous avez donné asile non-seulement à votre fils, mais encore à d'autres francs-tireurs ; vous vous êtes introduite frauduleusement dans Dijon pour y exercer l'espionnage de guerre, et même vous avez suivi les francs-tireurs et tué de votre main des soldats de Sa Majesté l'empereur d'Allemagne : pour ces faits et d'après les lois de la guerre, vous avez mérité la mort. Vous allez être passée par les armes. Cependant je puis vous faire grâce si vous me livrez Gratien Migeon. »

— « Livrer mon fils ! s'écria Françoise, allons donc ? Est-ce que vous avez en Allemagne

des mères qui livreraient leur fils ? Faites de
moi ce que vous voudrez, mon enfant est en
sûreté maintenant. Je voudrais le trahir que je
ne le pourrais pas. »

— « Peut être, » dit l'officier, « réfléchissez-y,
car il y va de votre vie. Je sais que vous aviez
un signal pour indiquer à votre fils qu'il pouvait sans crainte venir à la maison. Certaine
loque rouge agitée au bout d'une perche, et tenez, je suis sûr que le mouchoir que vous avez
autour du cou... »

En disant ces mots, l'Allemand étendait la
main vers la paysanne, qui avait sur les épaules
un mouchoir en cotonnade rouge dont les bouts
se croisaient en avant sous sa ceinture.

D'un geste rapide, et en lançant à l'officier
un regard énergique et indigné, Françoise ar-
racha son mouchoir et le jeta au feu.

— « Ah ? ah ! je vous disais bien qu'il y avait
moyen de faire revenir notre franc-tireur; mais
puisque vous ne voulez pas de celui-là, qui, du
reste, dans le moment actuel ne vaudrait rien,
en voici un autre. Vous allez écrire à votre fils
ceci :.... »

— « Je ne sais pas écrire. »

— « Mais voilà M. l'abbé qui se fera un plaisir de vous servir de secrétaire, et votre fils ne
manquera pas de se rendre à son avis. Écrivez
donc, monsieur l'abbé, je dicte : « Mon cher
» Migeon, votre mère me charge de vous
» écrire pour vous dire que vous pouvez reve-
» nir sans crainte; les Prussiens étaient venus

» simplement au village pour faire des réqui-
» sitions ; ils admettent d'ailleurs l'armistice
» pour Dijon ; la clause spéciale ne regarde
» que l'armée de Bourbaki. Revenez donc... »

— « Monsieur, dit l'abbé Leblanc, croyez-
vous donc que je consentirai à écrire un men-
songe, et cela pour livrer à la mort un brave
soldat? Tenez, en écrivant la vérité, en écrivant à Gratien les menaces que vous venez de
proférer contre sa mère, je serais sûr de le
faire revenir ; mais je vous déclare que je ne le
ferai que si sa mère me le demande »

— « Et vous pensez bien, dit Françoise,
qu'elle ne vous le demandera pas. Allons, monsieur le Prussien, dit la paysanne en regardant
en face le lieutenant, vous faites bien votre
métier de chien de chasse ; mais pour aujour-
d'hui qu'il vous suffise de n'avoir pas fait buis-
son creux. Vous tenez la mère, c'est assez,
vous n'aurez pas la couvée. Ah ! vous trouvez
qu'une vieille femme c'est peu de chose, quand
on comptait mettre la main sur un franc-tireur, sur le compagnon et le confident du colonel Charbonnel ; et vous vous entêtez à pour-
suivre un si fin gibier? Mais la mère Migeon
est plus entêtée que vous. »

— « Monsieur l'abbé, encore une fois, écrivez, » dit l'officier.

— « Monsieur l'abbé, n'écrivez pas. »

— « Ecrivez, dit l'Allemand en tirant un re
volver et en le dirigeant contre le prêtre. Je
vais vous montrer que quand nous voulons une

chose, nous la voulons bien, et nous avons les moyens de forcer l'obéissance. »

— « Non, monsieur, dit doucement le prêtre, vous n'avez pas le moyen de me forcer à commettre une infamie. Vous pouvez me tuer ; je prie Dieu tous les jours de prendre ma vie en échange de celle d'un défenseur du pays ; vous m'offrez le moyen d'accomplir mon vœu le plus cher, vous pouvez tirer, je n'écrirai pas. »

— « Oh ! l'insolente nation, » murmura le Prussien. Puis se tournant vers l'abbé : « Monsieur, lui dit-il, je vous avertis une dernière fois que vous tenez entre vos mains la vie de cette femme, vous connaissez la retraite de son fils, écrivez-lui de manière à ce qu'il revienne aujourd'hui même se livrer à moi, sinon sa mère mourra. »

— « Monsieur, cette femme veut se dévouer pour son fils ; Dieu approuve un tel sacrifice, et je ne puis que l'encourager. »

— « Merci, monsieur l'abbé, » dit Françoise, « vous me jugez bien vous, au moins, et d'ailleurs il ne s'agirait pas de mon fils, mais du premier venu de nos francs-tireurs bourguignons, que je mourrais volontiers pour conserver la vie d'un soldat français. Je suis Françoise Migeon, la fille de Jacques Carlier, blessé à Iéna, la veuve de Thomas Migeon, qui, à l'âge de treize ans, faisait le coup de fusil avec son père et le mien dans les bois de la côte contre les Prussiens, en 1814. Ah ! il paraît, messieurs les Allemands, que vous nous appelez l'ennemi héréditaire, eh bien! vous avez bien dit. Monsieur l'abbé, voici mon anneau de mariage, vous le porterez à Gratien, vous lui direz que je lui commande de le donner à Suzanne, qu'il l'épouse! Je prierai Dieu pour eux et pour qu'ils aient des enfants; qu'ils leur disent souvent : « Ce sont les Prussiens qui ont tué votre grand'mère. »

En disant cela, la vieille paysanne avait une magnifique expression d'énergie et de colère; son visage, enflammé, respirait l'indignation; son œil étincelant lançait le défi à l'Allemand; avec sa haute taille qui se redressait fièrement, ses cheveux gris en désordre, son geste menaçant, elle rappelait les druidesses de la vieille Gaule; il semblait qu'une prophétesse de l'antique nation fut venue dévoiler au vainqueur un avenir de guerre et de vengeance.

Les soldats allemands regardaient avec étonnement et non sans émotion cette explosion de passion maternelle et d'indignation patriotique; l'officier lui-même resta un moment comme interdit; mais bientôt la colère effaçant chez lui tout autre sentiment, il reprit sa contenance froidement résolue.

— « Je vois, dit-il, qu'en France tout le monde sait faire de beaux discours, même les vieilles femmes; quant à nous, nous parlons peu, mais nous agissons. » Il fit un signe; un caporal s'avança, et, tirant une corde de sa poche, il se mit en devoir de lier les mains de la paysanne derrière son dos.

6..

— « Est-ce que véritablement, monsieur, » dit l'abbé, « vous allez consommer cet horrible assassinat ? »

— « C'est une exécution, monsieur ; vous êtes prêtre, je vous autorise à exercer auprès de la condamnée votre ministère. »

L'abbé Leblanc avait déjà trop vu d'exemples de la froide cruauté des envahisseurs pour ne pas comprendre que l'acte allait succéder à la menace.

— « Ma pauvre Françoise, dit-il, nous sommes entre les mains des méchants, voulez-vous leur obéir pour sauver votre vie ? »

— « Monsieur l'abbé, dit la paysanne, nous sommes tous entre les mains du bon Dieu, comme me l'a souvent dit mon Gratien. Quant à ma vie, je suis heureuse de la sacrifier pour mon fils et pour mon pays ; j'offre ma mort au bon Dieu en expiation de mes péchés. »

Le prêtre s'avança en pleurant, et, élevant la main au-dessus de la tête de la vieille femme agenouillée, il prononça les formules de l'absolution.

Puis, l'aidant à se relever : « Allez en paix, ma fille, lui dit-il, et priez pour moi »

— « Monsieur l'abbé, dit Françoise, je ne pourrai embrasser mon Gratien, laissez-moi vous donner le baiser de la mère mourante à son fils, vous le lui porterez. Je vous prie aussi de le marier à Suzanne, et qu'ils n'attendent pas la fin de leur deuil ; les prières de leur mariage seront les meilleures pour le soulagement de mon âme. Maintenant, mettez moi, je vous prie, entre les mains le chapelet de mon fils, qui est là autour du bénitier, à la tête de son lit, vous le lui donnerez après ma mort. »

Les soldats allemands étaient déjà en rang, le fusil sur l'épaule, à la porte donnant sur le jardin.

« Une derrière fois, Françoise Migeon, dit l'officier, voulez-vous nous livrer le coupable que nous cherchons ? »

« Gloire au Père, au Fils, et au Saint-Esprit, » répondit la paysanne en continuant à faire courir entre ses doigts les grains du cha · pelet.

« For wart ! » cria l'officier, et le peloton d'exécution, au milieu duquel se trouvaient la paysanne et l'abbé, se mit en marche ; le pas lourd et mécaniquement rythmé des soldats allemands troublait seul le silence par le bruit sourd qu'il produisait malgré la neige qui couvrait le terrain.

Le trajet ne fut pas long. Le jardin de Françoise n'avait pas plus de soixante pas de longueur. Au fond était une allée droite au bout de laquelle le mur, tou né au nord, n'avait pas d'espalier. D'un coup d'œil l'officier avait choisi cette place ; à quinze pas du mur il commanda halte. La victime fut adossée au mur, et le pauvre prêtre s'éloigna en étouffant ses sanglots.

Mais les commandements de l'officier, immédiatement suivi du bruit sec des batteries qui s'armaient et des mouvements saccadés des sol-

dats lui firent lever la tête, et ses yeux restèrent irrésistiblement fixés sur le sinistre tableau
qui s'offrait à ses regards.

D'un côté était Françoise, le cou nu, ses cheveux gris agités par le vent, le corps droit contre le mur ; de l'autre, douze soldats coiffés du
casque à pointe, les canons déjà abaissés et
rangés avec une régularité mathématique, faisait ressembler cette troupe d'hommes et leurs
instruments de mort à une sorte de machine in-
fernale. L'officier regardait par dessus la tête
de ses hommes comme pour s'assurer qu'ils
ajustaient bien. Son regard se croisa avec celui
de sa victime. Le regard de Françoise était celui du combattant ; celui de l'Allemand était le
regard à la fois timide et cruel de l'assassin qui
ajuste sa victime et qui ne veut pas manquer
son coup.

Le mur par dessus lequel on voyait le ciel
d'hiver gris et sombre où roulaient les nuages
formait le fond du tableau.

Tout-à-coup au cri : « feuer ! » une détonation formidable retentit, l'abbé vit le regard de
Françoise s'élever vers le ciel, puis la mort
étendit sur ce visage énergique son voile de
pâleur, et le corps tomba comme une masse la
face contre terre.

. . . .

Pendant que les soldats s'éloignaient, le prêtre s'agenouilla sur la neige auprès du cadavre.

Ainsi mourut Françoise Migeon. Celle que
nous comparions tout-à-l'heure à une druidesse

de la vieille Gaule était une héroïne chrétienne. C'était une française, une mère. L'amour maternelle, l'indignation patriotique d'un peuple foulé par un barbare vainqueur lui avaient donné cette énergie indomptable qui affronte la mort : le sentiment chrétien en avait fait un sublime héroïsme.

ÉPILOGUE.

Au mois de septembre de l'année 1872, j'étais au château de mon ami Gaston du Fau. Quoique je sois un très médiocre chasseur, je le suivais dans ses excursions matinales, et nous parcourions ensemble ce beau pays de la Côte-d'Or, dont les vignes, chargées de grappes, promettaient de belles vendanges.

La campagne était magnifique, le feuillage des arbres commençait à peine à prendre les teintes variées que leur donne l'automne ; le soleil, qui avait conservé presque toute son ardeur, versait dès le matin sa chaude lumière sur les ceps comme pour dorer ces grappes qu'on allait bientôt cueillir. L'alouette chantait au-dessus du sillon moissonné, et le vigneron faisait aussi entendre sa chanson en donnant une dernière façon à sa vigne.

Nous avions marché longtemps ; le soleil était déjà haut sur l'horizon. Gaston avait abattu un lièvre et trois perdreaux. Quant à moi, j'étais tout heureux de sentir dans mon carnier le poids de trois belles grives, qui, sans doute, enivrées de raisins, n'avaient pas su se soustraire à mes coups.

La faim se faisait sentir, et la fatigue ralentissait notre ardeur. Notre chien, haletant et la langue pendante, regardait son maître et semblait dire qu'une halte serait assez opportune.

L'aspect du riche paysage que nous avions sous les yeux me fit faire une réflexion que je communiquai à mon compagnon.

« Combien, m'écriai-je, l'homme est peu de chose en face des œuvres de Dieu ! Vois cette magnifique nature, toute cette richesse, toutes ces beautés, dirait-on qu'il y a moins de deux ans ce pays ait été ravagé par la guerre ? dirait-on que dans ce paysage si riant des hommes se battaient avec acharnement ? croirait-on qu'au milieu de cette verdure on pourrait trouver encore des éclats d'obus, des vestiges de la bataille ? L'homme est bien habile à faire le mal, il s'acharne aux œuvres de destruction, et Dieu, sans rien déranger au cours de son soleil, répare le mal et fait disparaître les traces des fureurs de l'homme. »

Cette réflexion remit naturellement notre

conversation sur un sujet que nous avions bien souvent abordé ensemble, sur la guerre. Gaston avait été capitaine au 2e bataillon des mobiles de la Côte-d'Or ; il avait été appelé à Paris avec son régiment dès le commencement de septembre 1870, et avait pris part à plusieurs des combats livrés sous les murs de la grande ville. Il m'avait souvent raconté ce qu'il avait vu de tous ces combats. Châtillon, Villejuif, le Bourget, Champigny, Buzenval, tous ces noms lui rappelaient des épisodes émouvants que je m'étais plu à lui faire raconter. Nous recommençâmes à déplorer ensemble les malheurs de cette guerre fatale, nous recommençâmes nos considérations rétrospectives sur le plan du général Trochu et sur les motifs qui l'avaient empêché d'effectuer cette sortie dont Paris et la Province attendait la délivrance.

« Je crois, me dit Gaston, qu'on est injuste pour le général Trochu. Il a eu dans le principe une popularité méritée, mais pourtant excessive, comme toute popularité d'origine parisienne ; et plus tard les Parisiens ont brisé leur idole avec une excessive brutalité. Le général Trochu était en définitive un militaire brave, très instruit, un patriote dévoué. S'il eût été au service d'un bon gouvernement il aurait peut-être accompli ce qu'on attendait de lui. Mais on ne peut pas à la fois conduire une population et une armée. Les émeutiers de Paris lui donnaient presque autant de souci que les Prussiens.

« Quand on pense que c'est en grande partie la nouvelle de la reddition de Metz qui a fait faire l'émeute du 31 octobre, on frémit de l'abominable façon dont certaines gens prétendaient manifester leur patriotisme. »

— « Tu as raison, lui dis-je ; Trochu a organisé à Paris une armée, le général d'Aurelles avait aussi, dès le commencement de novembre, une bonne armée sur la Loire ; si une organisation pareille avait eu lieu dans l'Est dès le principe, le succès était peut-être possible. C'est une armée des Vosges qui nous a fait défaut, et je t'avoue que je déplore que de ce côté le grand effort n'ait eu lieu qu'au dernier moment. »

— « Tu as le droit de le déplorer, c'était là qu'il fallait se préparer avec le plus d'activité ; c'était là le défaut de cuirasse de notre ennemi. Mais n'accuse pas nos populations de l'Est ; les éléments de la défense existaient dans nos campagnes ; une armée y eut trouvé un point d'appui précieux. On a beaucoup parlé de levée en masse ; c'est peut-être là seulement qu'elle était possible ; c'est là que la population émue aurait spontanément secondé, grossi les bataillons. Tiens, je vais te faire voire un exemple du sentiment patriotique qui animait nos paysans de la Bourgogne. Il est onze heures, il nous faut trouver un déjeuner ; nous ne sommes pas loin de Chambeuf, allons chez Migeon. »

Un quart-d'heure après nous étions sur la petite place de Chambeuf. Gaston me conduisit à une petite maison devant laquelle une jeune femme en deuil allaitait un petit enfant.

« Bonjour, Suzanne, lui dit Gaston, pouvez-vous nous donner à déjeuner ? »

« — Très volontiers, M. Gaston, répondit-elle. Je viens justement d'allumer le feu pour faire le repas de Gratien qui va venir de la vigne.

« — Eh bien nous l'attendrons, nous allons vous donner de quoi faire un plat de plus ; nous serons enchantés de déjeuner avec lui.

« — C'est bien de l'honneur que vous nous faites M. Gaston. »

Quelque temps après nous vîmes arriver le vigneron. Il nous salua cordialement, et après avoir dit une parole affectueuse à sa femme et embrassé son petit François, qui, bien repu, dormait dans un berceau où sa mère l'avait déposé pour s'occuper du déjeuner ; il se débarrassa de ses instruments de travail et l'on se mit à table.

Suzanne était restée debout pour nous servir : il était facile de voir que la plus douce harmonie régnait dans ce jeune ménage. Gratien était évidemment un excellent mari, Suzanne était une heureuse épouse ; mais on voyait que son affection pour Gratien se traduisait sans affectation par des habitudes de déférence ; son attitude respectueuse donnait une sorte de dignité sérieuse à sa tendresse conjugale. La paix, le bonheur même habitaient cette humble demeure ; mais un triste souvenir l'habitait aussi. Ces deux cœurs étaient unis par une douleur commune.

Le repas fut cependant assez gai. Nos appetits de chasseurs et de travailleur campagnard nous le faisaient trouver délicieux. La conversation de Gratien était intéressante, il connaissait parfaitement le pays, et donnait avec intelligence les renseignements que nous lui demandions. Gaston qui m'avait promis de me faire connaître un héros de la dernière guerre, essaya à plusieurs reprises de tourner la conversation sur les événements de 1870. L'ancien franc-tireur semblait redouter ce sujet, il nous écoutait alors plus qu'il ne parlait, Suzanne qui se mêlait aussi volontiers à la conversation devenait alors silencieuse, je la vis même à un certain moment essuyer une larme.

Le déjeuner terminé, Gaston voyant que ses allusions à la dernière guerre avaient attristé l'esprit de notre hôte, sans l'amener à aborder le sujet qui nous intéressait, prit le parti de l'aborder lui-même avec franchise.

— « Mon cher Migeon, dit-il, je sais quels tristes souvenirs se rattachent pour vous à la dernière guerre, cependant mon ami et moi, nous serions heureux de vous entendre raconter les événements auxquels vous avez pris part. Vous savez l'affection et l'estime que j'ai pour vous, je ne voudrais pas vous faire de peine, mais il nous serait utile de connaître les faits qui se sont passés dans ce pays, et cela pourra même être utile à d'autres ; il faut que ces faits soient recueillis et racontés afin que ceux qui viendront après nous ne les oublient pas. »

— « Oui » dit Gratien, « il faut que tout soit écrit et que rien ne soit oublié. Vous voulez faire un livre, monsieur, » ajouta-t-il, en se tournant vers moi, « Eh bien ! si vous écrivez ce que je vais vous raconter, je vous promets que c'est dans votre livre que mon petit François apprendra à lire. »

Les pipes s'allumèrent et nous allâmes au jardin, assis sous la tonnelle, nous écoutâmes le *récit* de Gratien qui nous raconta tous les éléments de l'histoire qui a rempli ce volume. Quand il fut arrivée à sa fuite, avec Suzanne, vers le village de Saint-Victor, il appuya sa tête sur sa main, la voix lui manqua, et nous vîmes des larmes tomber entre ses doigts.

Suzanne qui s'était rapprochée de nous, prit alors la parole, elle nous raconta comment à son retour de Saint-Victor, elle avait trouvé le bon abbé Leblanc, pleurant et priant auprès du cadavre de la pauvre Françoise, elle nous dit l'indignation et la terreur de tous les gens du village, et comment aidé du saint prêtre et de leurs amis, elle avait rendu les derniers devoirs à cette noble victime de la rage prussienne ; puis tout d'un coup : « Venez, » nous dit-elle, et marchant devant nous, elle nous conduisit jusqu'au fond de l'allée dans laquelle nous nous trouvions, puis l'œil enflammé, la voix tremblante, et en nous montrant sur le

mur des marques de balles, « c'est là, dit-elle,
qu'ils ont tué notre mère. »

Gratien, les poings crispés, regardait le mur
d'un œil fixe ; quand à nous, nous avions ins-
tinctivement ôté nos chapeaux, et nous faisions
une prière pour la mère du franc-tireur.

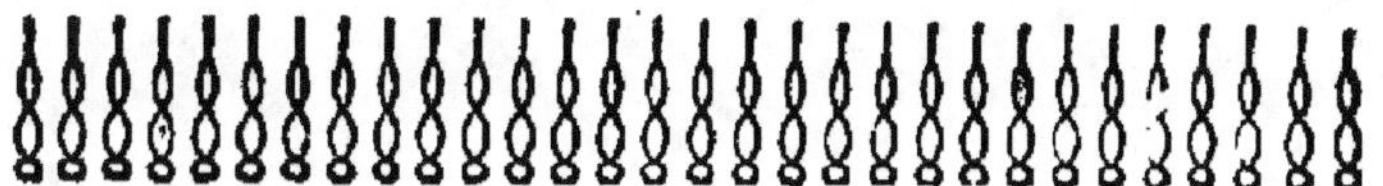

TABLE.

FIN DE LA TABLE.

Limoges — Imp. F. F. Ardant frères.